杉田水脈の逆襲

杉田水脈 著

青林堂

まえがき

秋の衆議院選挙が終わり一段落したころ、青林堂の渡辺専務から、「杉田さん、久しぶりに本を書きませんか?」と、お声掛けをいただきました。

不記載問題があり、比例単独候補としての出馬を断念。翌年夏の参議院選挙に照準を合わせ、どのように活動していこうかと考え始めた時期でした。

思えば最後に本を上程したのは、2018年。小川榮太郎先生との共著『民主主義の敵』(青林堂)でした。その後は国会活動が忙しくなり、本を執筆する時間がありませんでした……。というのも理由の一つではありますが、自民党の衆議院議員となって活動した7年間は、炎上に次ぐ炎上の連続で、とてもじゃないですが、自分の意見を書き著すという行為ができなかったのです。

オピニオン誌・新潮45の2018年8月号に寄稿した「LGBT支援の度が過ぎる」の中の「LGBTは生産性がない」という文言の切り抜き報道(これが最大の炎上で、約4

ケ月の間、新聞、テレビ、雑誌で騒がれ続けました）を皮切りに、ちょっとしたヤジや、何年も前に書いた民間人や野党時代の発言や文章など、次々とマスコミやネットでやり玉に挙げられ、叩かれました（書いた当時は見向きもされなかったのに）。

かなり恣意的で捻じ曲げられた報道がほとんどなのですが、現在講演などで全国を回っていても、その内容を鵜呑みにしている人に多くお会いします。

このタイミングで、マスコミ報道しか知らない方々に、真実を伝える試みとして、この本を書こうと思いました。

皆さんも一緒に、「杉田水脈の炎上の歴史」と「その裏にある真実」を改めて振り返ってみませんか。

目次

第2章　メディア・ネット情報の偏向性と正しい情報を手に入れる方法

第5章 今後の日本の政治と日本という国を復活させるための決意 ……… 167

あとがき 195

第1章

平等・差別撤廃政策の背後に潜む思惑

メディア主導によるLGBT発言に対する苛烈なバッシング

私は、平成30（2018）年7月に発売された月刊誌『新潮45』（新潮社）8月号に「『LGBT』支援の度が過ぎる」という題名の文章を寄稿しました。その中の「LGBTのカップルのために税金を使うことに賛同が得られるものでしょうか。彼ら彼女らは子供を作らない、つまり『生産性』がないのです」という、「LGBT」と呼称される性的マイノリティの人々に対する意見を述べた一文が大きな問題となり、結果的に新潮45が休刊しました。

寄稿文が掲載された後は有識者やLGBT当事者、所属する自民党の議員を含む政治家など、私は各方面から猛烈なバッシングを受ける形になり、特にテレビや新聞、雑誌などのメディアは、連日にわたって私を批判する内容の報道を行いました。日本のメディアが海外に情報を発信した結果、私は世界各国のメディアからも批判される形となり、自民党本部前では私の議員辞職を求める5000人規模（主催者発表）のデモが開催されました。

当時の自民党は、私を擁護する活動は行わずに、徹底的な黙認を要求しました。おそらく「嵐が通り過ぎるのを待つのが無難」という目論見があったのでしょうが、異常と思えるほど過熱したバッシングは約4ヶ月間にわたって繰り返されたのです。

『新潮45』に掲載された私の文章が大きな問題となった発端は、立憲民主党の尾辻かな子衆議院議員が文章の一部を切り取ってTwitter（現X）のアカウントにアップしたことです。

発言が切り取られた結果、私が「LGBTは生きる価値がない」と発言したとメディアは大々的に報道しました。報道の結果、私は各地に行くたびに記者に追いかけられてマイクを突きつけられる事態になりました。殺害予告すら受けていた当時の私は、Twitter上に尾辻議員に反論する内容の書き込みを行いましたが、さらなる問題を引き起こすと思い、その書き込みを削除した後は、しばらくはSNSに一切触れませんでした。

私の発言が掲載された同誌の2号後の10月号では、「そんなにおかしいか『杉田水脈論文』」というタイトルの特集が組まれて、実際のLGBT当事者を含む多くの識者が私を擁護する内容の文章を寄稿したのですが、結果的に火に油を注ぐ形になりました。文芸評論家の小川榮太郎氏による「ＬＧＢＴという性的嗜好の権利を守れというならば、将来は痴漢の権利まで守る社会になってしまう」という意味合いの一文が切り取られて、テレビニュースで徹底的に批判される形になりました。

問題の発生に伴い、多くの作家やライターが『新潮45』を刊行していた新潮社に対するボイコット運動を行った結果、同誌は休刊に追い込まれました。当時の影響から、私はいまだに差別主義者のレッテルが貼られたままです。

問題を起こした著名人がメディアから批判される機会は多々ありますが、私ほど長期間にわたってバッシングを受けた人物は、自分が知る限り他に例がありません。一連の出来事から6年以上が経過した現在の視点から振り返ると、私は「見せしめ」にされたのだと思います。

当時はＬＧＢＴの権利を訴える活動が世界中で勃興した時期で、ＬＧＢＴの人々に対して批判的な内容の発言は総じてタブーと見なされるようになりました。ＬＧＢＴの権利促進派は、私を見せしめにして、ＬＧＢＴ問題に触れたらひどい目に遭うと世間に知らしめたかったのではないでしょうか。そのような潮流の影響で、ＬＧＢＴ理解増進法も半自動的に可決されたように感じます。

寄稿した文章を全て読めば理解していただけると思うのですが、私は、同性カップルは妊娠・出産が不可能という生物学的事実と、税金の投与などＬＧＢＴの優遇政策に対する疑問を述べたに過ぎませんでした。しかし、尾辻議員の投稿を発端にメディアが偏向的な報道を行った結果、問題は拡大して、私に対する誤ったイメージが流布する結果となりました。

令和５（２０２３）年６月に「ＬＧＢＴ理解増進法案」が国会で可決されて、企業や教育の場において多様性の理解が推奨されるようになりました。現在の日本の社会ではＬＧＢＴ問題は「腫れ物扱い」となっており、地方でもＬＧＢＴに関する施策は優先的に可決される状態です。ＬＧＢＴの権利をめぐる活動は、現時点では大成功していると言えるでしょう。

ＮＨＫ放送の番組内で行われた大量殺人犯との同一視

『新潮45』の寄稿文をめぐる一連のバッシングの中でも、極めて意図的・示唆的な内容であったのが、ＮＨＫが行った報道でした。

平成30（２０１８）年8月4日に放送された「ＮＨＫニュースウオッチ９」のコーナー内では、寄稿文の内容を受けて、私の思想が平成28（２０１６）年7月に発生した相模原障害者施設殺傷事件の犯人である植松聖死刑囚と根本は同じとする意見が放送されました。番組のキャスターは「浅はか、人一人一人の価値を数字で測るような考え方」というコメントを行った結果、番組放送の翌日には、私の事務所に「杉田水脈は殺人鬼」といった内容の電話やメールが多数寄せられました。

たしかに寄稿文内で「生産性」という人の価値を数字で測るような印象を与える表現を用いた結果、私は多くの誤解や論争を招いてしまいました。しかし、私自身は、実際にＬＧＢＴを差別する内容の発言を行った経緯はなく、当事者の方に対しても、また障害を持った方に対しても、差別的な思想は一切持っていないのですが、ＮＨＫは私に悪い印象を与える報道を行ったのです。

　現在、インターネット上でも公開されているＮＨＫ放送ガイドラインに目を通すと、「ＮＨＫのニュースや番組は正確でなければならない。」「番組のねらいを強調するあまり事実をわい曲してはならない。」「意見が対立する問題を取り扱う場合には、原則として個々のニュースや番組の中で双方の意見を伝える。仮に双方の意見を紹介できないときでも、異なる意見があることを伝え、同一のシリーズ内で紹介するなど、放送全体で公平性を確保するように努める。」（「ＮＨＫ放送ガイドライン２　放送の基本的な姿勢」より）と記載されています。そのような規定がありながら、ニュースウオッチ９の放送にあたって、私自身や私の事務所に対する取材は行われませんでした。私の寄稿文には「ＬＧＢＴは生きる価値がない」という内容は一切書かれていないのです。

　私は令和３（２０２１）年２月に開催された国会予算委員会第二分科会の場で、正籬《まさがき》聡《さとる》ＮＨＫ副会長に対して、ニュースウオッチ９の放送内容は、ＮＨＫ自身が掲げている放送ガイドラインに則《のっと》った放送内容であったと認識されているのかと質問しました。

私の質問を受けた正籬副会長は、番組内では私のコメントや自民党の対応を伝えると同時に、ＬＧＢＴの人々の反応や「ＬＧＢＴのいのち」というＮＨＫが開設した相模原障害者施設殺傷事件の特設サイトに寄せられた障害者を持つ家族の声を紹介したと前置きした上で、報道の内容は放送ガイドラインに則って制作されたものと考えており、今後とも事実に基づき公平公正、不偏不党の立場から多角的な報道に努めたいと回答しました。

正籬副会長の言葉を受けた私は、寄稿文には報道された内容は書かれておらず、私自身に対する取材が行われなかったという事実を述べた上で、ＮＨＫのニュースで偏向的な報道が行われた結果、人々が私と植松死刑囚の思想が同一という言葉を信じてしまう可能性があると反論したのです。

ＮＨＫは日本国民の受信料によって成り立つ公共放送であり、放送された内容で一度与えられた印象を覆すのは大変困難です。私は、ＮＨＫ側が国民から絶大な信頼を寄せられている事実を再度確認して、誤った放送内容によって個人の名誉や心を傷付ける機会がないよう努めるべきだと考えています。

ＳＮＳで展開される「多数派」のＬＧＢＴからの擁護活動

メディアによる一連の報道によって、私はＬＧＢＴの人々と敵対しているという印象を植え付けられました。その影響で危険な目に遭った経験が何度もあります。

一例を挙げると、令和元（２０１９）年4月に行われた統一地方選時に、私がＪＲ高円寺駅前で選挙活動を行う杉並区議の新人候補の応援演説に入ったところ、数十人の集団が「やめろ！」「帰れ！」などと恫喝《どうかつ》を行うという事態が発生しました。集団の一部は私に向かって突進してきました。屈強な体格の男性に近づかれた上に大声で罵声を浴びせられたので、強い恐怖を感じました。その集団が現れた直後、周囲にいた私服警察官たちが迅速に規制線を張ったので大事には至らなかったのですが、私が移動用の車に乗り込んだ後も10人ほどが追ってきて車のナンバープレートを撮影していました。後から聞いた話によると、集団の中にはガラス瓶を所持している者がいて、騒動が終わると警察官に連行されたそうです。

恫喝を行った集団の中には「生産性で人を測るな」という内容が書かれたプラカードを持参する人物がいたなど、彼らの目的は『新潮45』に掲載された私の寄稿文の内容に対する抗議であるのは明らかでした。後の調査によって、私が応援演説を行う直前にTwitterなどのSNS上で「#会いに行ける杉田水脈」というハッシュタグが拡散されていたこと、集団の大半は、「しばき隊」と通称される反差別集団「C．R．A．C」（対レイシスト行動集団）のメンバーであると判明しました。

C．R．A．Cは、自分たちが差別的な思想を持つと認識した人物や団体を威圧しようとする集団であり、立憲民主党の有田芳生議員らの支持母体となっています。C．R．A．Cの参加者たちは、私がLGBTに対する差別的活動を行ったと見なしたため威圧行為を実行したのですが、特定の政治的思想を持たない、いわゆる「多数派」のLGBTの人々はC．R．A．Cの行為に嫌悪感を持ったようで、私のSNSのアカウントには私を擁護・応援するコメントが多数寄せられました。

SNS以外にも私の元にはLGBT当事者からの応援の言葉が寄せられたのです。多数派のＬＧＢＴはＣ．Ｒ．Ａ．Ｃのような活動的な集団と同一視されたくないという意識を持っており、ＬＧＢＴの権利が声高に唱えられるようになって以降、周囲から敬遠されるようになったと訴えるＬＧＢＴ当事者も存在します。さらに付け加えると、ＬＧＢＴは子供を授かる機会が少なく、パートナーとの関係も様々であるため、自分たちの恋愛関係に一般人は関わってほしくないという声を、私は実際のＬＧＢＴ当事者から聞いた経験があります。

実際は私を支持してくださるＬＧＢＴ当事者も数多く存在するのですが、その事実を大多数のメディアは報道しません。

ヘイトスピーチ集団と差別主義団体の真相

令和６（２０２４）年12月に大阪府泉大津市の市長選挙の応援を行った際、Ｃ．Ｒ．Ａ．Ｃに所属していると思わしき男性が私に近づいてきて「僕はゲイですけど差別発言を謝ってもらえませんか」と言われました。私自身はＬＧＢＴを差別したことはなく、ＬＧＢＴの中でも応援してくださる方がいると反論したのですが、彼は執拗《しつよう》に謝罪を求めてきました。

Ｃ．Ｒ．Ａ．ＣのＳＮＳのアカウントを見ればわかるように、彼らは反差別活動を盾にして左派・リベラル系の政治家を応援しているようです。しかし、最近はＣ．Ｒ．Ａ．Ｃが批判する政治家が当選するというジンクスが生まれているため、活動は縮小傾向のようです。

私が高円寺駅前で選挙妨害活動を受けた時期がＣ．Ｒ．Ａ．Ｃの最盛期だったのですが、後で知ったところ、Ｃ．Ｒ．Ａ．Ｃ主宰者の野間易通《のまやすみち》氏とは出身小学校が同じで、私が一学年下だったのです。小学生時代の私は野間氏とは面識がなかったのですが、以前ＳＮＳ上で、私が野間氏に「野間先輩、いつもありがとうございます」と挨拶したところ、「NO HATE TV」という野間氏が主催するYouTubeチャンネルに出演しないかと誘われたのです。私は高円寺の件で謝罪を受けるまで出演できないと返答して、野間氏の誘いを断りました。

Ｃ．Ｒ．Ａ．Ｃの前身団体「レイシストをしばき隊」は、日本第一党党首の桜井誠氏らの反在日韓国・朝鮮人活動のカウンターとして設立された団体で、しばき隊のデモ活動によってヘイトスピーチ条例が制定された経緯があります。それ以前から国際連合（国連）は差別的な活動に対する罰則規定を設けろと日本政府に通達しており、しばき隊は時流に乗って勢力を拡大したという面があります。

なお、私は日本第一党の活動に対しては懐疑的です。

明確なデータが存在せずに進行するＬＧＢＴ政策

そもそも、現在の日本でＬＧＢＴの実情を正しく理解している人は極めて少数です。

現在はＬＧＢＴ（Ｑ）と総称される性的マイノリティの人々ですが、その中のＬ（レズビアン）の割合、Ｔ（トランスジェンダー）の割合といった詳細なデータは公的には存在しないのです。電通が令和５（２０２３）年に全国の20～59歳の男女を対象に行った調査によると、自分に性的マイノリティの傾向があると答えた人は全体の9・7％に上ったそうです。しかし、この調査はインターネットを使ったアンケート形式で行われたものであり、信憑《しんぴょう》性に乏しいものでした。

以前、政治家の中山恭子氏と作曲家の故・すぎやまこういち氏がキャスターを務める「日いづる国より」（チャンネル桜）という番組に出演した際、「ＬＧＢＴの児童は他の児童よりも自殺率が7倍近いデータ」を確認した私が笑っていたと、ネット上で猛批判された経験があります。当時の放送内容を確認していただければわかると思いますが、ＬＧＢＴ児童の自殺率に対する明確なデータは存在せず、私は杜撰《ずさん》な報告内容に対して失笑したのです。『新潮45』の件と同様、私は発言が切り取られた結果、各方面から非難を受ける形になりました。

現在の自民党は「ＥＢＰＭ」（Evidence-Based Policy Making）と呼称される、正確なデータや根拠に基づいて政策を決定する方針を掲げていますが、ＬＧＢＴ関連の政策に関してはデータの有無を問わずに優先的に審議されて法案がスムーズに可決されるという状態です。

現在の日本では、ＬＧＢＴに対する批判的な言動は総じて許されず、ＬＧＢＴ当事者は腫れ物に触るように扱われています。

日本のジェンダーフリー活動の裏に潜む策略

ＬＧＢＴ政策からさらに進んで、昨今は、男女の性別という概念自体が破壊されつつあります。

日本政府が平成28（２０１６）年から交付開始したマイナンバーカードは、ポイント付与などの大々的な普及キャンペーンが行われた結果、９５００万人以上の日本国民が所持しています（令和６年11月時点）。自治体がマイナンバーカードを交付する際、保護用のビニールケースが渡されるのですが、そのケースを確認すると、カードに記された個人の住所や氏名、生年月日は全く隠されていない一方、個人番号と性別は隠される形になっています。

マイナンバーカードの性別がプライバシー保護の対象となっているのは、おそらくトランスジェンダー（性同一性障害）やクエスチョニング（性自認が定まっていない、故意に定めない）と言われる性的マイノリティの人々に対する配慮だと思われます。海外のＬＧＢＴ政策は、むしろ性による特徴を強調する傾向がある一方、日本の場合、渋谷区が制定した「男女平等・多様性社会推進行動計画」に代表されるように、「ジェンダーフリー」と呼ばれる性別に基づいた固定的な役割分担や区別を消滅させる思想と同一になっている感があります。この潮流を作ったのは、日本の左派系人権団体でしょう。

私は、左派系人権団体がＬＧＢＴ政策という名のジェンダーフリー政策を推進している真の目的は、過剰なマイノリティ保護ではないかと考えています。

今後、社会のジェンダーフリー化がさらに加速すれば、同性婚など婚姻の条件が拡大されるでしょう。今までは男性と女性が二人で役所を訪れて、窓口で婚姻届を提出して手続きを行った後に結婚が認められたのですが、同性婚などが認められるようになれば、役所の窓口に同性同士のカップルが訪れ手続きする形になります。そうなると、二人の同性が形式的に結婚して扶養手当など結婚による社会的保護制度を利用する、あるいは在日外国人が日本人と結婚して日本国籍を取得するといった例が激増すると予想されます。

以前、私がタクシーに乗車した際、運転手の方が「犯罪目的で外国人が日本人と結婚して、日本人化するのが恐ろしい」と語っていました。今後、結婚のハードルが低下すれば、外国出身の日本国籍を持つ「同胞」たちが増えてゆくのは確実です。

支持獲得のために結婚のハードルを下げる政策を推進する各政党

様々な問題があるにもかかわらず、日本の各政党は、与野党問わずに結婚のハードルを下げる政策を推進しているというのが現状です。

自民党がＬＧＢＴ理解増進法に賛成した際、保守系の思想を持つ支持層から批判の声が殺到しました。彼らの一部は支持政党を国民民主党や日本維新の会に鞍替えしたのですが、一般的には保守系と見なされている両党もまた、同性婚と夫婦別姓の実現を公約に掲げています。

私は、内閣委員会の場でＬＧＢＴ理解増進法に関する議論に立ち会っていましたが、自民党内部では、この法案は同性婚につながるものではないという説明を受けていました。その後、国民民主党・日本維新の会の案を丸飲みする形で、「性同一性」を「ジェンダーアイデンティティー」に言い換えた修正案が可決されました。

国会で行われたＬＧＢＴ理解増進法に関する質疑応答の際には、日本維新の会所属の議員たちが、この法案の成立をきっかけに同性婚まで勝ち進むと発言して、その後に国民民主党の議員たちも「先ほどの維新の議員と全く同じ考えです」と発言しました。それを聞いて、私は両党が同性婚政策を積極的に推進していると実感しました。

国民民主党や日本維新の会の方針を見て、両党に左派系勢力や外国人勢力が入り込んでいると指摘する声もありますが、両党は単純に「多数派の国民の支持を得るために」ＬＧＢＴ政策や同性婚政策を推進しているというのが、私の見解です。

事実、世論調査によると、ＬＧＢＴ理解増進法の可決に関しては、賛成派がおよそ65％という形となりました。保守層の一部は統計に誤りがあったと唱えていますが、特定の政治思想を持たない一般層の多くは、ＬＧＢＴの権利を拡大する法案を支持しています。

人間の良心を利用して都合の良い法案を可決させる左派

ＬＧＢＴ理解増進法に限らず、昨今では、あらゆる人々に関する保護を目的とした法律が次々と可決されています。

代表的なものが、令和４（２０２２）年６月に可決された「ＡＶ出演被害防止・救済法」、通称「ＡＶ新法」です。この法律の目的は、アダルトビデオと呼ばれる性的場面が描かれる作品の出演者の人権保護を目的としたもので、作品に出演する際の契約の締結の義務化や契約を行ってから１ヶ月間は撮影してはいけないといったルールを定めたものです。ところが、ＡＶ新法の施行後は作品本数の減少による出演者の仕事の減少や、それに伴う製作メーカーの非合法化など、多くの問題が発生しました。ＡＶ新法の影響で仕事を失った出演者がホームレス化した例すらあるようです。

ＡＶ新法は一連のＬＧＢＴ政策と同じく、多くの当事者に対して被害を与えています。そのような事情があるにもかかわらず、多くの人々が上記の政策に無条件に賛同してしまうのは、「性」というデリケートな問題に関するものだからではないでしょうか。

日本において性が関連した最大の問題は、１９９０年代以降に日本と韓国で湧き上がった「従軍慰安婦問題」です。この問題に関する報道は、実際は多くの誇張と捏造《ねつぞう》が含まれたものでした。当時の記録には旧日本軍が朝鮮半島出身の女性に関して強制連行を行ったという証拠は一切なく、「1日に数十人の日本人男性を相手にした」といった、「自称」元従軍慰安婦たちの証言の内容は生物学的に不可能なものであり、常識的に考えれば嘘だと判明するものばかりです。

事実を言うと、最初に従軍慰安婦たちを「性奴隷」と表現した人物は、「人権派」と呼ばれる戸塚悦朗弁護士であり、平成６（１９９４）年に開催された国連女子差別撤廃委員会に従軍慰安婦問題を持ち込んだのは、日本のNGO団体でした。従軍慰安婦問題は韓国ではなく日本の左派の活動を発端にしたものだったのです。

多くの人が従軍慰安婦問題の報道を疑うことなく、そのまま信じたのは、「慰み者にされた女性たち」という「設定」の従軍慰安婦に対する同情心が要因だと思われます。

後の章で詳しく説明しますが、多くの人間には弱者を助けたい、自分が正義の側であり続けたいという心理が存在します。特に日本人は、そのような傾向が強く、従軍慰安婦問題に関しては「被害者」である従軍慰安婦に肩入れする人が続出したのだと思います。「良心」とも表現される感情ですが、左派は日本人が持つ良心を利用して、自分たちにとって都合が良いルールを制定している印象です。一般の人々があまり不便だと感じていないのに「選択的」と頭につけて法制化を急いでいる「夫婦別姓」も、「困っている人がいるのなら」という日本人の優しさに付け込んだものです。

一般的に保守層は性に関する問題を敬遠する傾向があるのに対して、左派は積極的に性問題を唱えます。それは左派の政治的策略ではないでしょうか。

従軍慰安婦問題に関する日本政府の本当の見解

平成30（2018）年3月28日に開催された国会において、外務省の鯰博行《なまずひろゆき》官房参事官（当時）に対して、従軍慰安婦問題は外交問題に該当するのかと質問しました。

鯰参事官によると、日本政府は従軍慰安婦問題に関しては昭和40（1965）年に日本と韓国間で締結した「日韓請求権協定」により、完全かつ最終的に解決しており、一旦両国の政府間で解決された戦後処理に関わる問題を、政治的・外交的な問題として蒸し返すべきではないと見ているそうです。

野党で当選したばかりの新人議員であった私は、予算委員会や内閣委員会の場において、当時の官房長官や外務大臣に対して従軍慰安婦問題についての答弁を求めたのですが、「いわゆる従軍慰安婦を含む歴史戦の問題は外交問題にしない」といった回答が返ってきました。その答弁に疑問を抱いていた私は、鯰参事官から従軍慰安婦問題に対する日本政府の正式な見解を伺おうとしたのです。

平成29（2017）年2月22日、アメリカ・カルフォルニア州内のグレンデールという都市に設置された従軍慰安婦像の撤去を目的とする裁判が行われた際、日本政府はアメリカの連邦最高裁判所に対して意見書を提出しました。その内容は当時の日本政府の正式見解と考えて良いのかという私の質問に対して、鯰参事官は、意見書は裁判についての日本政府としての考え方を記したものだったと返答しました。その意見書には、従軍慰安婦問題が日韓両国間での外交問題であり女性の人権問題ではないと明記されていたのです。

その意見書の内容は、日本政府は十分に歴史上の事実を調査してきており、グレンデール市の碑文に記載されている記述の内容に強く異議を唱えるという形で、日本政府の姿勢を非常に強く打ち出しているものです。意見書の作成に関しては、ワシントンDCの法律事務所に依頼して英文で最高裁判所に提出したという経緯があり、全文が外務省のホームページに掲載されているのですが、なぜか日本語訳の文章が掲載されていなかったのです。

従軍慰安婦問題に対する日本政府の公式見解を多くの日本国民が知る必要があると考えている私は、鯰参事官に日本語訳が掲載されていない理由を尋ねたところ、従軍慰安婦問題に関する裁判はアメリカの連邦最高裁で行われたもので、アメリカ政府の権限とグレンデール市の権限が絡んでいるため、日本語訳が不可能という返答を受けました。

外務省は従軍慰安婦問題に対する見解をホームページにも掲載しており、日本政府は国会の場で見解を述べていると飴参事官は発言しましたが、意見書には、これまで公にされる機会がなかった様々な事実が掲載されていました。

一例を挙げると、平成28（2016）年2月16日に国連ジュネーブ本部で開催された女子差別撤廃条約政府報告審査の場で杉山晋輔《すぎやましんすけ》外務審議官（当時）が発言した内容が、意見書内に引用されています。審査の場において、杉山審議官は1990年代初頭以降、日本政府は従軍慰安婦問題に関する本格的な事実調査を行ったが、旧日本軍や官憲が行ったとされる、いわゆる強制連行の事実は確認できなかったと明言しました。

他にも、従軍慰安婦が日本に強制連行されたというデマが生まれたのは、作家の吉田清治氏が手がけた『私の戦争犯罪』（三一書房）という小説が発端であり、朝日新聞が小説の内容を事実であるかのように報道した結果デマが広がり、後に朝日新聞側が事実関係の誤りを認めて購読者に対して正式に謝罪を行った。従軍慰安婦の総数が約20万人という説は、日本の女子挺身隊と混同したもので具体的な裏付けのない数字である。慰安所の設置や管理及び慰安婦の移送について旧日本軍が関与したという証拠が存在しない。従軍慰安婦たちの証言の中から「性奴隷」という言葉が一つも見つからなかったといった事実を、杉山審議官は審査の場で明言していました。この審査には私自身が参加しており、傍聴席で杉山審議官が事実を述べる姿を見て、大変驚いたと同時に、非常に嬉しい気持ちになりました。

外務省のホームページ上の歴史問題Q＆Aの問5「慰安婦問題に対して、日本政府はどのように考えていますか。」という質問の回答に関しては、以前は、お詫びをしています、反省の気持ちを申し上げていますといった回答が掲載されていましたが、現在はこの杉山審議官の発言が政府の公式見解として掲載されています。

従軍慰安婦問題に関するデマを放置している日本政府

外務省のホームページには、「女性のためのアジア平和国民基金」（アジア女性基金）という、慰安婦に対する問題解決を目的とした財団法人のホームページのリンクが貼られています。アジア女性基金のホームページには英文で慰安婦の定義が記載されているのですが、その定義の中には「forced to provide sex service」（性的サービスを強制された）という一文があります。もともと、アジア女性基金は日本政府が出資して設立された財団であり、平成19（２００７）年に解散したのですが、現在もなお外務省のホームページには、リンクが存在します。

この事実については、平成26（２０１４）年10月６日に開催された衆議院予算委員会の場で、当時次世代の党の幹事長であった山田宏議員（現自民党）が追及を行いましたが、いまだに修正が行われていません。私は、一刻も早く外務省のホームページからアジア女性基金のホームページへのリンクを削除するべきだと思います。

平成5（1993）年に発表された慰安婦関係調査結果発表に関する河野内閣官房長官談話」、通称「河野談話」の内容は、実際は従軍慰安婦の強制性を認めたものではありませんでした。当時の河野洋平官房長官が記者会見の場で談話の内容を発表した際、記者から強制連行の事実が存在したという認識なのかと問われて、「事実があった」「結構です」と、相槌のように返答したのですが、その返答が一人歩きして世界中で日本が強制連行を行った、女性を性奴隷にしたといったデマが広がった経緯があります。

河野氏の発言に関しては、日本政府が国連の場で否定をしており、河野談話に基づいた韓国側の意見には誤りがあると明言したのですが、河野談話が政府の公式見解と認められた経緯があるため、従軍慰安婦問題に対する日韓両国の議論がイタチごっこのようになっていました。鯰参事官によると、河野談話と河野氏の記者会見に対する認識については、各政権によって違いがあるそうです。

正式な見解は全く異なるとはいえ、日本政府は従軍慰安婦に対する誤った情報を放置し続けていたというのは、紛れもない事実です。

女子差別撤廃委員会の場で公開された従軍慰安婦問題の真実

従軍慰安婦問題の真意については、以前から外務省は把握していたと思います。しかし、国連で開催される委員会の場において日本政府は発言権を持っておらず、NGO（非政府組織）などの非営利組織のみが発言可能です。非営利組織の質問や勧告を受け取る形で国連委員会や各国の政府が対応するという方式が繰り返されてきました。

左派系メディアや市民団体は、日本政府が第二次世界大戦時に朝鮮半島から若い女性を20万人以上強制連行して、朝鮮の女性を性奴隷にしたにもかかわらず、日本政府は謝罪せずに教科書に事実を記載しないといった主張を唱え続けていました。そのような意見を受けた国連の勧告に対して、「日本政府は歴代の首相が謝罪の言葉を発表している。アジア女性基金を設けて被害者に賠償金を支払っている。今後は強制連行や性奴隷に関する記述を学校教育に取り入れる」といった、左派に寄り添った答弁を行い続けたわけです。

そのような状態の中、私が参加したグループがジュネーブの国連に赴いて女子差別撤廃委員会の準備会合で強制連行の事実を示す証拠がない。従軍慰安婦は性奴隷ではなかった、といった発言を行った結果、国連側は日本政府に対してその意見に対する見解を求めたのです。それまで真相を隠して謝罪行為を繰り返していた日本政府は性急な対応に追われる形となりました。

私たちのグループが女子差別撤廃委員会で発言したのが平成27（2015）年7月、本審査が行われたのは翌年の2月でしたが、準備会合からの間に従軍慰安婦問題に対する日韓合意が行われました。日韓合意の項目の一つには日韓両国が国連など国際機関の場においてお互いを非難しないという内容のものがあります。そのため、本審査の際に日本側が強制連行や性奴隷が存在しなかったと発言するとルール違反となる可能性が生じたのです。そこで、当時の日本政府は二の足を踏んでしまいました。

それでも本審査の際に事実を証明するために、この分野に詳しい高橋史郎氏（麗澤大学教授）を交えて詳細な資料を作成したのですが、実際は女子差別撤廃委員会に代表団を送って口頭で答弁する形になりました。答弁の内容は、強制連行や性奴隷は捏造であり、朝日新聞が32年間にわたって虚構を世界中に発信していたというものでしたが、残念ながら、その答弁は日本語で行われたため、外国の報道陣に真意は伝わったかは不明でした。答弁が終わると、外国の記者から英語の資料が欲しいと要求されましたが、女子差別撤廃委員会が資料を作成しなかったため、答弁の記録は残りませんでした。その代わり、国連委員会の場で正確な見解が発表されたという事実は残ったのです。

私が衆議院議員になった際、外務委員会の場で杉山審議官の発言を読み上げて、これは日本政府の公式見解かと質問したところ、その通りだと返答されました。当時の外務省のホームページには、杉山審議官の発言が隠されるように掲載されていたので、政府の回答を受けて、本来ならば一番目立つ箇所に日本語のみならず英語や韓国語版を併記するべきだと私は発言しました。現在の外務省のホームページには、杉山審議官の発言が私の提案通りに掲載されています。

杉山審議官の発言の内容が日本政府の慰安婦問題に対する公式見解になった結果、左派が従軍慰安婦問題で日本政府を糾弾するのは叶わなくなりました。その分、彼らの恨みの矛先は私個人に向けられている印象です。

アイヌ民族問題の背後に存在する活動家の策略

国連の人権委員会は、日本政府に対して「アイヌ民族および琉球民族を国内立法化において、先住民族と公式に認めて、文化遺産や伝統生活様式の保護促進を講じること」を勧告しています。

日本は昭和40（1965）年に国連が採択した「人種差別撤廃条約」を平成7（1995）年に批准しているのですが、人種差別撤廃条約の中には先住民族に対する規定が数多く記載されているため、日本政府は長年にわたってアイヌ民族に対して複数の優遇対策を行っています。

平成31（2019）年2月15日に閣議決定した通称「アイヌ新法」は、史上初めてアイヌ民族を「先住民族」と明記した法案であり、アイヌ民族の文化を生かした地域振興策を行うための交付金の創設や、政府や自治体がアイヌ民族に関する政策を実施する責務を負うのを定めた内容です。アイヌ新法に否定的な一部の保守層は、発表を行った当時の菅義偉官房長官を批判したのですが、平成20（２００８）年の時点で、アイヌ民族を先住民族とする決議案が衆参全会一致で可決されていたため、アイヌ新法が可決されるのは必然でした。

現状、アイヌ新法を破棄すれば同時に人種差別撤廃条約に違反する形になり、日本が国際的に批准される形になってしまいます。アイヌ新法を破棄するには、この条約を撤廃するか、国際法案を撤回するしかないのです。

アイヌ民族問題に関する活動の多くは、過去の活動家や市民団体のスキームを当てはめたものであり、アイヌ文化の保護を目的にした団体の活動が、実際のアイヌ民族とは全く関連がないという例すらあります。

琉球人の保護政策に利用される科研費

現状、日本政府は「琉球人」と呼ばれる昔から沖縄に住む人々を先住民族として認めていません。その理由は、沖縄県が誕生した明治12（1879）年の時点で、かつて沖縄を統治したとされる「琉球王国」の存在が未確定だったためですが、日本政府の見解を受けて、国連は平成20（2008）年に琉球・沖縄の人々を先住民族と認定して権利の保護を求める勧告を行いました。勧告は令和7（2025）年現在、計6回にわたって行われています。

仮に日本政府が琉球人を先住民族と認定した場合、アイヌ民族と同じく交付金の支給、差別的言動を禁止する法案、博物館などの文化施設の設置など、様々な保護政策が実施される形になります。それが実現すると、日本に悪い意味で大きな影響を与えるかもしれません。

様々な学術の振興を目的に文部科学省が支給する科研費（科学研究費助成事業）の割合

は、GDP（国内総生産）の3・5％ほどに達しています。令和6（2024）年度の日本のGDPは約632兆円（内閣府調査）であり、莫大な金額が科研費として使用されているのです。

以前、私は科研費の使われ方を詳しく調査したのですが、総額の13％程度が、研究者の文系の研究に使用されていました。その莫大な費用を使用して作成された文献の中には、「琉球独立」「沖縄独立」といった表題のものがあり、中には中国語で書かれた文献もありました。そのような内容の文献を手がけた研究者が国連で演説したり、「琉球を独立させろ」と中国語で書いた横断幕を掲げながら記者会見を開くといった例が少なくありません。

私は『民主主義の敵』（青林堂）という書籍を刊行するために、小川榮太郎氏と対談を行い、その中でも語りましたが、琉球問題のみならず、従軍慰安婦問題や徴用工問題といった左派系学術者が行う研究の費用の大半が科研費から支払われていたのです。その事実を受けて、私は「文科省が後ろから弾を撃っている構図のようなものではないか」と発言した経験があるのですが、先住民族問題を盾に取った反日的な研究が今も国家予算を使って行われています。

女性の生き方の選択の幅を狭めるジェンダー・ギャップ政策

スイスの非営利財団・世界経済フォーラムが発表する各国の男女の性差による格差を表した『世界ジェンダー・ギャップ報告書』（２０２４年度版）によると、日本は対象１４６ヶ国中１１８位と、非常に低い数値になっています。このデータを根拠に日本の人権団体や左派系知識層は日本には男女差別が蔓延していると唱えていますが、統計の詳細を見ると、実情は全く異なることが判明します。

日本では、この『ジェンダー・ギャップ報告書』だけが取り上げられますが、国際機関による男女格差の指標を調査したデータは複数存在します。一例を挙げると、国連開発計画（ＵＮＤＰ）が調査・発表したジェンダー不平等指数（２０２０年）においては、日本は対象１６２ヶ国中の24位と、アメリカやイギリスよりも高い順位を獲得しました。このデータは内閣府男女共同参画のホームページに記載されています。それなのに全く注目されません。

『ジェンダー・ギャップ報告書』は、経済、教育、健康、政治の4つの分野のスコアが設けられているのですが、日本の場合、教育と健康のスコアが世界トップクラスである一方、政治のスコアが非常に低いのが特徴です（経済は、ほぼ平均）。その理由は、日本は国会議員や企業の管理職を占める女性の割合が低いためです。これは日本人女性が諸外国の女性に比べて家事や育児に専念したいと考える割合が高いなど、様々な要因があります。

そのような事情があるにもかかわらず、『ジェンダー・ギャップ報告書』の総合順位ばかりが取り沙汰されるのは、「日本は男女差別社会」というイメージを植え付けようとする人権団体や左派系メディアの意向が原因でしょう。「男女平等のための努力が足りない」「もっとがんばりましょう」といった報道が繰り返し行われると、日本国民が劣等感を植え付けられて萎縮してしまうだけではなく、国際的にも日本人の誤ったステレオタイプを与えてしまう可能性があります。

前述したように、日本では教育と健康の分野においては非常に高い水準で男女平等が実行されていますので、日本政府は、その事実を国際的にアピールする必要があると思います。

私は就業する女性も、専業主婦として家事や育児に専念する女性も等しく頑張っている、輝く女性だと思っています。しかし、近年は『ジェンダー・ギャップ報告書』に基づいた女性の社会進出論が加速している印象です。

以前、内閣府の林伴子男女共同参画局長（当時）が、最近の日本は家族が多様化しているので、昭和時代に生まれた専業主婦モデルや当時の意識は現状に合わなくなっているという内容の発言をしました。昨今の日本では女性の社会進出が推奨されていますが、専業主婦や、専業主婦を希望する女性が数多く存在するのも、また事実です。一見多様性の肯定に思える思想は、むしろ女性の生き方の選択の幅を狭めるものになると、私は思います。

関西生コン事件から浮かび上がる隠された真実

私は国会議員として落選していた時期に、いわゆる「関西生コン事件」について調査を行っていました。その結果、左派系の思想を持つ大学教授や野党議員らがこの団体に深く関わっていた事実を知ったのです。

関西生コン事件は、コンクリート運送会社の解散をめぐる活動の影響で数十名もの組合員が逮捕された日本史上最大規模の労働事件でしたが、その事実は関西地区でわずかに報道されたのみでした。事件直後の時期は、私や政治活動家の瀬戸弘幸氏が書籍や雑誌記事に事件の顚末《てんまつ》を記していたのですが、もともと関西生コンは「全日本建設交運一般労働組合」（建交労）という日本共産党系の労働組合の一部だったのですが、活動が非常に暴力的であったため建交労が切り離したという経緯があります。

日本共産党からの支援を受けられなくなった関西生コンは、当時の社会民主党左派に接近して関係を深めました。現在の関西生コンは支持していた社民党議員の落選を受けて他の政党に接近していると推測されます。

以前、任意団体「のりこえねっと」共同代表の辛淑玉《しんすご》氏と元大阪府門真市議会議員で現在は連帯ユニオンの顧問を務める戸田久和《ひさよし》氏が、法学者の前田朗氏を国連の場に登壇させようと画策していました。彼らはいずれも関西生コンと深い関連を持つ人物であり、一部の情報筋によると、戸田氏は逃亡中だった元日本赤軍最高幹部・重信房子氏が逮捕された際、家宅捜索された経緯があるそうです。

さらに言うと、大阪府高槻市の山奥にある精神病院を設立したのは日本赤軍の関連者で、その病院の職員が重信氏をかくまった容疑で逮捕されたという事実があるのですが、北朝鮮の工作員が日本人を拉致する際、精神病院を中継地点にしていたという噂があるそうです。その理由は精神病院内部なら被害者が泣き叫んでも誰も不審に思わないからです。

私自身は、関西生コン、左派系政党、北朝鮮は一本の線で直結していると推測しています。日本の公安は実情を把握していると思いますが、報道される機会はありません。かつて日本社会党の党首だった土井たか子氏は北朝鮮による拉致はないと断言していましたが、この辺りが、互いが関係を持つ証拠ではないでしょうか。

メディアや市民団体によって歪められた発言

私が平成28（２０１６）年2月に開催された国連女性差別撤廃委員会に参加した際、そのブログ内容が問題視されて謝罪に至った経緯があります。

その後、令和４（２０２２）年に私が総務大臣政務官を担当していた時期、国会の場で立憲民主党の塩村文夏《あやか》参議院議員が私の過去のブログの書き込みを批判した結果、メディアが一斉に私を攻撃する形になりました。塩村議員の発言を受けて、自民党本部には市民団体による抗議が殺到して、当時の岸田文雄首相の元には謝罪を要求する意見が届いたようです。

官邸のメンバーの中には、私をはじめとする保守層はアイヌ民族を嫌っているという印象を持つ人もいましたが、真相は全く異なります。保守層が批判しているのは、アイヌ民族の利権を利用して不正な利益を得ようとしている人々であり、アイヌ民族自体に対する差別意識は存在しません。アイヌ新法や「ウポポイ」というアイヌ民族の文化を保護する国立アイヌ民族博物館は、国連主導で確立されたアイヌ利権です。

平成28年2月のブログの書き込みはすでに削除しており、現在は当時とは異なるプラットフォームにブログを開設しているのですが、令和5（2023）年3月に、国連女性差別撤廃委員会に参加した市民団体のメンバーが、私が旧ブログに書き込んだ内容が人権侵害にあたると訴えた結果、札幌と大阪の法務局から通知が来る形となりました。通知の内容は、私のブログの書き込みが人権侵害があったと認められたが、諸般の事情に鑑みて啓発を行い、「措置を猶予とした」というものであり、実質的には人権侵害と認定されませんでした。

そのような事実がある一方、メディアは私が人権侵害を行ったというニュアンスの報道を繰り返し、朝日新聞には私は国会議員を担う資格がないという内容のコラムが掲載されました。

不当な報道を受けた結果、私は事実を公表したかったのですが、法務局から送られる通知文は非公開が原則となっています。直接に国会で立憲民主党の議員から私に対する通知について質問が寄せられたのですが、それを受けて国会対策委員会が法務省に問い合わせたところ、非公開のため質問には答えられないという返答がありました。そのため、メディアも通知の内容を知りません。

仮にメディアや市民団体が通知文を入手した場合、「措置を猶予とした」という箇所を読み飛ばして、人権侵害を認定したとしている可能性があります。

他にも、私は何気ない一言を理由に糾弾された経験があります。私が非公開で行われた自民党の内閣部会に参加した後に部会が行われた部屋から出ると、共同通信所属の女性記者に呼び止められて「杉田さん、『女性はいくらでも嘘をつける』と言いましたよね?」と言われました。私はそのような発言を行った記憶がなかったので否定したのですが、数時間後のネットニュースサイトに「自民党の杉田水脈議員、『女性はいくらでもウソつける』と発言」という見出しだけで内容のないニュースが掲載されていました。通常、見出しのみがネットニュースに掲載されるというのはあり得ないのですが、その後、各メディアが大々的に報道を開始したのです。

報道を受けて私は自身のブログ上で否定したのですが、政策調査会に呼ばれ、「内閣部会に参加した役人が書いたメモを精査したところ、発言が記録されていた」と言われました。実際に内閣部会に参加していた国会議員の方々は、私が「女性はいくらでも嘘をつける」と発言していなかったと口々に証言していましたが、その役人のメモがあったため、政策調査会側からは記者会見を開いて謝罪しろと要求されました。

メディアは性被害に遭った女性に対して私が上記の発言を行ったと報道しましたが、実際は慰安婦問題を捏造する韓国の市民団体のトップを務める女性に対する言葉であり、後日ブログで事情を説明したのですが、それが公に報道される機会はありませんでした。

私の発言をめぐる報道が拡散され拡大化して以降、自民党が非公開の議論を行う際は記者を会議室に近づけないという処置を講じています。

第2章

メディア・ネット情報の偏向性と正しい情報を手に入れる方法

意図的に誤った情報を伝える日本のメディア

これまで、新聞やテレビなどのメディアは、私の発言を切り取って悪印象を与える報道を繰り返してきました。今回の書籍を手がけるにあたって青林堂の社員から聞いた話によると、報道の影響で、保守層の中にすら私が差別主義者というイメージを持っている方がいるそうです。

以前よりは低下したとはいえ、いまだに日本におけるメディアの影響力は絶大です。そして、今まで多数のメディアが意図的に反日的な報道を行い続けました。その代表が、第一章でも述べた従軍慰安婦問題です。

近年になって従軍慰安婦問題が沈静化したのは、私や杉山晋輔氏らが女子差別撤廃委員会の場で事実を訴える活動を行ったというのもありますが、日本国民の間で先人を貶《おとし》める行為に対する屈辱と、それを促《うなが》す報道を行うメディアに対する怒りの感情が高まり、その感情を諸外国が察知したからではないでしょうか。

およそ30年以上にわたって続いた慰安婦問題が一つの区切りを得たというのは、非常に素晴らしい事実であり、私自身も蟻の一穴を開けたと自負していますが、日本のメディアの多数は、そのような事実を一切報じず、「杉田水脈は暴言を吐いている」「危険な思想を安倍晋三元首相が気に入って自民党に入党させた」などと報道して、私に対する悪いイメージを生み出しています。

私以外にも、最近ではメディア側が捏造した情報を報道する場合《ケース》すらあります。

共同通信が、令和4（2022）年8月15日に自民党の生稲晃子外務大臣政務官が靖国神社に参拝したと報道しました。各メディアは共同通信の報道の影響で韓国側が「佐渡島の金山」の追悼式への参加を取りやめたと報道して、生稲政務官は報道陣の前で謝罪を行いましたが、後に共同通信の報道は全くの誤報であると明らかになりました。

もし、このような誤った報道が選挙中に行われて、選挙結果に影響を及ぼし、選挙後に誤報だったと明らかになっていたとしたら……。取り返しのつかないことになります。共同通信の報道を受けた私はXのアカウントで、「靖国神社に参拝したことを『やらかした』

『軽率な行動』と報じるメディア。」、誤報であると判明した際は、「そして、それすら誤報…。共同通信さん、コタツ記事ばっかり書いてて、取材の仕方を忘れたのでは?」(原文ママ)と、批判しました。

政治家を含む一個人が靖国神社に参拝するというのは、何ら問題はないのですが、メディア側には「靖国神社」というキーワードを使えば周辺諸国が過敏に反応するという思惑があります。生稲政務官が標的にされたのは、芸能界出身という批判されやすい要素を持っているからではないでしょうか。

多くのメディアは、自分たちが広げた情報による被害に対しては、ほとんど責任を負いません。そのような事情があるにもかかわらず、メディアに対する大々的な批判が行われない理由は、多くの人がメディアに叩かれるのを恐れているからです。以前、私はテレビをつけるたびにニュース番組で批判されているという経験があり、私の老親が疲弊してしまいました。私自身はメディアの誹謗《ひぼう》中傷には耐えられますが、メディア報道による精神崩壊状態に追い込まれた人は少なくないと思います。

個人に関する問題は針小棒大に報道する一方、本当に注視するべき国際問題の報道に関しては消極的なのも日本のメディアの特徴です。数年前、私はフランス大統領選挙の取材を行ったのですが、その時期のフランスはテロ事件が頻発していました。あるフランスに住む友人に日本人からフランスは大丈夫かと問われたと話すと、彼は日本の方がはるかに心配だと答えていました。当時のフランスを攻撃していたのは一介のテロ組織でしたが、日本は連日のようにロシアや中国の軍用機が領空に侵入したり、近海には北朝鮮が発射したミサイルが着弾していました。いわば日本は周辺諸国から常に攻撃されている状態なのです。

現状、NATO（北大西洋条約機構）に加盟する32ヶ国が対峙している国はロシアのみですが、同盟国がアメリカのみの現在の日本は、ロシア、中国、北朝鮮の3ヶ国と対峙している状態です。安倍元首相は、そのような現状に強い危機感を抱いていたからこそ、インドやオーストラリアを含めた「自由で開かれたインド太平洋戦略」の提唱や「AUKUS」（アメリカ、イギリス、オーストラリアの軍事同盟）への協力強化を提唱したのです。

それだけ現在の日本を取り巻く状況は危機的なものですが、メディアが大々的に報道しないため、日本国民の多くは実情を把握していません。

メディアが報道しない科研費をめぐる裁判の顚末

私は自身の発言や行動を元に訴訟を起こされた経験が何度かあります。大半のメディアは訴訟と裁判が行われたという事実のみを大々的に報じた一方、実際の裁判の顚末は、ほとんど報じられていません。

平成31（2019）年2月、私はジェンダーフェミニズム研究を行う数名の大学教授から名誉毀損で訴えられました。事の発端は、科研費を使用して、大学教授たちが従軍慰安婦やジェンダー問題に対して、歴史的事実とは異なる内容の研究を行っているのを受けて、私がSNSやインターネットテレビの場において「捏造は駄目」「国益を損なう」との見解を述べたからです。

大学教授たちは私の見解を受けて非難や誹謗によって名誉が棄損されたとして、合計1100万円の賠償金を支払うよう要求したのですが、令和4（2022）年5月に京都地裁で行われた第一審の裁判では、「被告（杉田水脈）の発言等について原告らの名誉を毀損し又は名誉感情を侵害するものと認めるに足りる主張、立証は見いだせず」と判断されて原告側の要求は全て却下されました。

そもそも名誉棄損とは、誹謗や中傷など、個人攻撃に適用されるもので、私の見解は、大学教授たちの活動を批判するという公益目的に行ったものです。しかも、私を訴えた大学教授の一人は、多額の科研費を使用して「私のアソコには呼び名がない」という扇情的なタイトルのイベントを開催したり、SNS上で「慰安婦問題は #MeToo だ！」と発言するなど、あからさまに批判・炎上を意識した活動を繰り返していました。

第一審の敗訴判決に対して、原告側は控訴して、令和5（2023）年5月30日に、判決が出ました。その時の裁判では、科研費の経理は大学側が行い教授は関与しない。従って、「ずさんな経理」という私の主張だけが事実とは異なるとして、33万円を大学教授に支払うという判決が下されました。控訴審では私はこの部分だけが敗訴する形にはなりましたが、他の33項目は私の主張が認められました。賠償金も原告側が求めた額よりは大幅に少ないもので、実質的には私が裁判で勝利する結果となりました。

左派系学術者・野党に利用された科研費裁判

私を提訴した4人の大学教授は、多額の科研費を使用してフェミニズム研究を行っていました。彼らは当時存在した反体制団体「ＳＥＡＬＤｓ」や朝鮮学校の生徒の保護者参加の「オモニ会」のメンバーを講師とするイベントを主催しており、開催費用として科研費が使われていたのです。本来ならば科研費は年度末までに使い切る必要があるのですが、大学教授たちが研究の成果物として提出したＤＶＤは翌年度の5月に作成されて、再生回数は計5回前後という状態でした。

大学教授の一人が主催した「私のアソコには呼び名がない」は、「ヴァギナ・モノローグ」というアメリカ発のイベントが中国を経由して日本に輸入されたもので、大まかな内容は、女性たちが自分の性器に名前を付けて主張を述べ合うというものです。私はジャーナリストの櫻井よしこ氏が主宰するインターネット番組に出演した際に、イベントのタイトルや内容について思わず失笑したところ、大学教授側から真剣な研究を鼻で笑われたと批判されました。その後、私はイベントを主催した大学教授と当時のTwitter上で口論するような形になったのですが、その結果、私の失笑が訴訟の項目の一つにされました。

私は公判には出席しなかったのですが、大学教授側は「フェミ科研費裁判」と銘打ち、裁判所の前には傍聴を求める彼らの賛同者が数多く列をなしてくじ引きによる抽選が行われたそうです。大学教授たちの訴訟の内容は計34項目にわたりましたが、第一審では全て退けられて、控訴審では会計の件《くだり》のみに対して私の名誉毀損が認められました。33項目で私が勝訴したのです。そのような事実がある一方、大学教授側は裁判で逆転勝訴したと歓喜して、賛同者と共にお祭り騒ぎのような報告会を開催したという話を聞きました。

この裁判以外にも、私は発言の切り取りやSNSのリアクションなどを理由に裁判に訴えられた経緯があります。そのような事実があるのですが、各メディアは私が賠償金を支払ったという一点のみを報じて、あたかも私が全面的に敗訴したかのような印象操作を行いました。

インターネット環境の普及によって生まれた正義感の危険性

今までメディアは偏向的な報道や情報隠蔽《いんぺい》を行って、人々を扇動し続けてきました。特に、日本国民は「メディアリテラシー」と呼ばれるメディアを主体的に読み解く能力が低い傾向があるため、かつてはメディア報道の内容を真実と捉える人物が圧倒的多数でした。

しかし、インターネット環境の普及以降、人々はメディア発の情報を安易に受け入れる傾向は弱まり、多くの人々が情報を発信できるようになりました。そのようなメリットがある一方、0か100か、人々の思想が極端から極端に流れる風潮が生まれたように思います。インターネットの影響による「善悪二元論思想」とでも言うべき思想は、日本に限らず世界中で流行しています。

フランスの社会心理学者ギュスターヴ・ル・ボンが手がけた『群衆心理』（講談社）を読めばわかるように、人間には多数派の思想や行動に迎合しようとする習性があります。極端な例が1789年に起こったフランス革命で、圧政に苦しんでいたフランスの人々は「自由と平等」の名の下に王族を全て処刑した後、自分たちを指導したマクシミリアン・ロベスピエールをも「恐怖政治の根源」と見なしてギロチン台に送りました。池田理代子先生の漫画『ベルサイユのばら』（集英社）などの影響から、フランス革命に勇猛果敢なイメージを抱いている日本人は少なくありませんが、実際は情報に扇動された群衆が引き起こした大量殺戮《さつりく》でした。

現代の日本では群衆が殺戮を行うといった事例は皆無ですが、インターネットの言論空間では、「魔女狩り」と呼ばれる個人に対する糾弾が日常的に行われています。これは、「自分は正義の側に立ちたい」「正義側に立たないと自分が糾弾される」という人間の心理が大きな要因になっていると思います。

ＳＮＳの普及によって多くの人が政治家、経営者、芸能人、スポーツ選手といった著名人と容易にコミュニケーションを取れるようになった結果、多くの人々が著名人を自分たちと同じ視点で捉えるようになりました。そのため、不倫など何らかの問題を起こした著名人が徹底的に糾弾されて廃業状態に追い込まれる例は珍しくありません。

魔女狩りとは、本来は中世ヨーロッパで魔女と疑われた人々（男性も含む）に対する拷問・処刑を意味しますが、私はネット上の糾弾が魔女狩りと表現されるのは、言い得て妙だと思います。

前章でも触れた高円寺駅前で発生した私に対する襲撃のように、インターネットへの書き込みが発端となって大きな運動につながる例が昨今では頻発しています。人間の血が流れていないとはいえ、このような状況はフランス革命と同様の群衆心理と呼べるものではないでしょうか。

陰謀論に洗脳されるのは危険

インターネットの普及以降、「陰謀論」と呼ばれる意図的に隠蔽されてきた情報が人々の間に流布するようになりました。アメリカでは「Qアノン」と呼ばれる陰謀論者たちがドナルド・トランプ大統領の支持基盤の一部になっていると言われていますが、陰謀論を安易に信じるのは危険です。

SNSや動画サイトを見ると、政治系のインフルエンサーが、「日本はアメリカの属国状態なので、そこから抜け出すべきだと訴えている姿」を散見します。現在の中国政府は、日米の分断を目論んでいることを考えると、このような言葉には注意が必要です。

日本各地に米軍基地が存在するなど、現在の日本がアメリカの属国状態であるのは事実ですが、日本が本当の意味で独立を果たすには防衛費を10倍以上に増やして自衛隊員も増強するなど根本的な改革が必要となります。このように、中長期的な課題であるにもかかわらず、実情を無視して即アメリカとの決別を訴える人が増加していること自体が、中国のプロパガンダ政策が日本に浸透している証拠ではないでしょうか。

近年は「ディープ・ステート」と呼ばれる、ユダヤ系国際金融資本を中心とする勢力が世界を支配しているという説が、世界中で頻繁に取り沙汰されています。ディープ・ステート実在論は陰謀論者だけではなく一部の政治家も信奉しています。

莫大な資金力を持つユダヤ系国際金融資本が世界中に影響を与えているのは事実で、そういった意味ではディープ・ステート実在論は真実かもしれません。しかし、一つの勢力が世の中の全てを決めているとしたら、「政治」の存在意義が失われます。日本経済が30年以上にわたって成長しなかったのは、ディープ・ステートに抑えつけられていたからという意見がありますが、仮に事実だとしても、その状況を打破して日本経済を成長させる方法を考案するのが政治家の仕事です。政治家が、思考停止状態になっていては駄目です。

日本では、数年前まで国会議員の多くは帰化した元外国人という陰謀論が飛び交い、「帰化人政治家リスト」という、国会議員の本名と外国人風の名前が併記された表がインターネット上にアップされましたが、政治学者の村田春樹氏が表の内容を全否定しました。

その村田氏によると、元外国籍の国会議員は二人だけとのことです。反日的と思われる言動を行ったため帰化人と見なされた国会議員もいますが、たとえルーツがどのようなものであれ、日本の国会議員は日本という国を第一に考えて尽くすことが求められます。逆説的に言えば、上記のような考えは、外国にルーツを持つ政治家は日本に尽くす必要がない、在日外国人が日本で犯罪を起こすのはやむを得ないという考えにつながると思います。

以上のような発信をしている人物は、社会の第一線を退いた高齢層や公務員のOBやOG、あるいは社会経験が乏しい若年層といった例が多く、インターネット上で発言を行って注目を得ようとする一方、実際の政治には携わらないという例が大半です。衝撃的な内容が多く人々を引き込む効果を持っていますが、実際には多くの誇張や矛盾点を含んでいますので、何事も一度冷静になって真意を確かめてみることをおすすめします。

報道の影響で人治国家になりつつある日本

令和5（2023）年末に複数の自民党議員が政治資金パーティーによる収入の一部を不記載にしていた事実が発覚した直後から、各メディアは〝裏金〟という言葉を使って、徹底的な糾弾を開始しました。

私自身も〝裏金議員〟と呼称されてメディアによる批判を受けました。また、当時の岸田文雄首相は不記載を行った自民党議員に対し、総務会の了承を得て処分を行いました。検察は3名を除く自民党議員に対して刑事事件性がないと判断して不起訴処分を下しました。普通に考えれば、この時点で不記載議員に対する処罰は終わっていたはずなのですが、自民党本部は令和6（2024）年4月に39人の議員に対して離党勧告を含む各処分を行い、同年10月に行われた衆議院選時には、不記載を行った現職の国会議員・支部長計12人を党非公認（無所属立候補10人）・もしくは比例重複を認めないという判断を下しました。

当初、自民党本部は不記載議員も公認する予定でしたが、反対する世論を受けて、慌てるように非公認としました。当時、自民党所属の政治家たちの間では、一度下された処分を覆して新たな処分を行うというのは独裁的だという意見が飛び交っていました。仮に不記載を行った議員の公認を自民党が行っていたならば、有権者の方々に「不記載問題は終わった」「自民党は新しいスタートを切った」という印象を与えたのではないでしょうか。場当たり的な対応を行った結果、自民党は自らこの問題を蒸し返し、選挙のハードルを上げる形になりました。

日本の隣国である韓国では、慰安婦問題の日韓合意など政府が決定した法律や条約が世論に押されて事実上破棄された例があります。そのような傾向を受けて、日本の識者の一部は、韓国は法律を社会の基本とする「法治国家」ではなく国民感情が最優先の「人治国家」だと揶揄《やゆ》しましたが、私は日本も人治国家になりつつあると感じています。

国民感情を盛んに煽っているのがメディアです。「私たちの生活は苦しいのに、政治家は税金で贅沢をしている」といったニュアンスの報道を、メディアは盛んに行います。おそらく、メディア側は私たち政治家が国民の税金を使い込んでいるという印象を与えたいようです。そして、メディア報道の影響を受けて、現在もインターネット上には「税金泥棒」などといった、不記載議員に対する根も葉もないバッシングが数多くアップされています。

事実を言うと政治資金パーティーの費用は参加者の会費で賄われるものであり、国民の税金は一切使われていません。また、政治資金は非課税であるため、「脱税」という指摘は誤りです。そのため、不記載金に関しては、パーティー券の購入者に返却するという形が妥当ですが、衆議院選直後の石破茂首相は、「赤い羽根募金」に寄付しました。この行為は、私たちが本当に税金を使い込んでいたという印象を国民に与える結果になると思います。石破首相の言葉を受けて、立憲民主党の小川淳也議員が「泥棒が物を返したからといって泥棒でなくなるわけではない」と発言しましたが、泥棒にあたる行為自体が存在しません。

私は令和7（2025）年開催の参議院選挙に出馬する予定ですが、「杉田水脈とオールドメディアの闘い」だと考えています。多数のメディアは私を政治の世界から排除したいと考えており、選挙時にはインターネット上で様々なバッシングが行われると思いますが、私が当選した際はオールドメディアやインターネット報道に対して勝利宣言を行うという意識で、参議院選挙に挑むつもりです。

日本は法治国家であり、メディアの報道や国民感情に流されて日本のシステムが崩壊するというのは絶対にあってはならないのです。私は、今後は群衆心理と闘う力を持つ政治家を数多く育てる必要があると思っています。

誤った情報と正しい情報を見分ける方法

新聞やテレビなどのオールドメディアの偏向報道は常態化しており、私自身が発言を切り取られて誹謗中傷を受けた経緯が何度もあります。オールドメディアの真の目的は不明ですが、日本という国を貶めたいという意思があると私は考えています。

日本のメディア業界と教育界は大東亜戦争終戦直後から左派勢力に支配されてきたので、

オールドメディアが反日的になるのは、やむを得ない面があります。さらに言うと、本来メディアとは権力に反抗する存在であり、反体制的な報道を繰り返すというのは世界共通の事情です。私がフランスを訪れた際、現地のメディアのほぼ全ては反体制的だと地元の人々から伺いました。

世界のメディア関係者の大半が、自分たちは権力を批判するために存在すると認識しているため、政府に迎合する報道や、権力にとって都合が良い報道は、ほとんど見ません。私は外国の方から「日本には、保守的な論調の産経新聞があるだけまだ良い」と言われたことすらあります。反体制こそがメディアの在り方だと考えると、ある程度納得できる部分もありますが、そのために世界中で偏向的な報道が行われているのです。

新聞やテレビだけではなくインターネットに流れる情報も玉石混交、正しくは玉石石石混交といった状態です。メディアにもインターネットにもデマ情報が溢れかえっています。それらの真偽を見分ける手法としては、匿名で書かれた情報は信じないというのがあります。新聞を例に挙げると、閲覧時に記者の名前が記載された記事のみに目を通して、内容に問題があると思ったら新聞社に連絡して真意を問えば正しい情報が掴《つか》めると思います。インターネットも同様、匿名で書かれた、いわゆる「コタツ記事」の大半は内容が偏向的で信用できません。

学校でも偏向的な内容の教育が行われる例がありますが、完全に改善するのは難しいと思います。令和２（２０２０）年、当時の菅義偉首相が日本学術会議推薦の学者６人の任命を拒否した際に大きな問題になるなど教育界の結束は固いのです。

令和７（２０２５）年1月15日には、池村啓という北海道雄武《おうむ》町の高校教諭が、私、高市早苗衆議院議員、山谷えり子参議院議員の３名に対して殺害予告をした罪で再逮捕されました。殺害予告には「安倍晋三の次はお前だ」などと書かれており、以前も佐藤正久参議院議員を脅迫した罪で逮捕されるなど、池村被告が自民党保守派を憎悪しているのは明らかです。実を言うと、私は昨年（令和6年）と一昨年（令和5年）にも池村被告と思わしき人物から殺害予告を受けました。池村被告のような危険な思想を持つ教育者が誕生したのは、戦後の教育改革が大きな要因だと思います。

現状、反日教育を行う教師を強制解雇するという処置を実施するのは不可能です。現時点の対策としては、子供を持つ親たちが正しい知識を持って、子供が偏向教育の影響を受けていると感じたら、「先生が言っている話が間違っているんだよ」などと諭すというのがあります。

先日、私は小学校の教師と会話をする機会があったのですが、小学校の社会科（歴史）の教科書に目を通したところ、「日韓併合時に朝鮮の人々を強制的に労働させた」「無理矢理氏名を変更させる『創氏改名』が行われた」など、現在では捏造だと判明している話が大々的に記載されていました。当然ながら、教師たちの多くが教科書に嘘が書かれていると認識しており、歴史的事実に基づいた教育を行う教師もいるのですが、そうすると保護者側からクレームが入り、その後に教育委員会の監視が入るのが定番のようです。私が会話した小学校教師は、そのような現状の中でも教え子に事実を伝えようとする教師がいると話していたので、わずかながら希望を感じました。

大東亜戦争後の日本の教育界が変貌した要因は、日本がＧＨＱ（連合国軍最高司令官総司令部）の占領下から独立して主権を回復した際に日本国憲法を改正しなかったこと、「公職追放」というGHQが実施した愛国的・軍国的と見なされた学術者が要職に就くのを禁止した政策の撤廃を行わなかったことです。仮に上記の二つが実行されていれば、日本の教育は現在とは全く異なるものになっていたと思います。

自分自身で正しい情報を掴み取る

メディアやネットに頼っては真実の情報を手に入れるのは叶いません。情報発信者の言葉を直接聞いた上で「自分で調べる」のが最良の手段というのが、私の意見です。

私がTwitterのアカウントを開設した当初、とある若手衆議院議員のアカウントをフォローしたのですが、そこには「今日の委員会の議論はこのように報道されていたが、本当の現場での議論はこのような内容だった」などと、書き込まれていたので、私は政治家が直接SNSを使って書き込みを行えば、メディアを通さずに真実を知るのが可能と感嘆しました。

すでに他国では、政治家がインターネット環境を利用して直接メッセージを発する手法が一般的になっています。ウクライナのウォロディミル・ゼレンスキー大統領は、SNSを利用して会見の様子を発信しており、アメリカのドナルド・トランプ大統領もオールドメディアに頼らず積極的にSNSを活用して発信を行っています。

政治家本人の言葉を直接聞くのが可能というのは素晴らしい状況であり、日本もそのようにするべきだと私は提案し続けていますが、日本の政治家の場合、旧態然とした定例記者会見や囲み取材の場で意見を述べるというのが大半です。しかも、メディア側は記者会見や取材の内容を、ありのままに発信するわけではありません。同じ政治家の話でも、各メディアによって書き方が全く異なるため、購読者に与える情報の内容は異なります。テレビの場合、記者会見の内容を全て放送する時間がないため、各局にとって都合の良い場面のみを切り取って放送する形になります。

以前、私は保守系のインターネット番組に出演した際、とある人物から、政治家の思想は自分たちには関係ない、自分たちの生活を改善してくれたらそれで良いという内容のコメントを頂いたことがあります。その方は保守系の番組を視聴しているので、おそらく保守寄りの政治思想の持ち主だと思いますが、彼のような「国の事情より自分の事情、他人の事情より自分の事情」という意識の持ち主の増加が、日本の国力が低下する原因の一つではないでしょうか。自己中心的な日本人が増加した理由は、メディアやインターネットによって偏向的な情報が広まったからだと、私は考えています。

日本国民全体がメディアリテラシーを高めなければ、今後、世界中で行われるであろう情報戦や世論戦に立ち向かえず、今後の日本の安全保障に大きな影響をもたらします。もちろん、政治家も腹を据えて各国の情報攻撃に対峙する必要はありますが、国民側も偽の情報にだまされないように意識する必要はあると思います。

私が龍馬プロジェクト代表（当時）の神谷宗幣氏らと共にデンマークに視察に行った際、中学2年生が使う公民の教科書を見せてもらったのですが、最初の項目は「メディアリテラシーを高める」、メディアは嘘をつく、メディアの情報を鵜呑みにするのは危険だ、本当の情報を知るためには自分で調べる必要があるといった内容が書かれていました。それに対して、日本人はメディアの発信を信じやすい上に、日本の学校ではメディアリテラシーに関する教育は行われていません。現在、自民党内ではメディアリテラシー教育を実施するための議論が始まっているのです。私は一刻も早く実施するべきだと思います。

私は、今後の日本が再生を遂げるには、日本国民の意識の変革が大切な要素になると思っています。そのためには、人々が正しい情報を掴み取る環境を見つけ出す必要があります。

第3章

作為的に生み出された現在の日本が抱える問題

天皇陛下の男系男子継承は女性差別ではない

「世界経済フォーラム」が日本を男女差別国家と見なしている理由の一つに、社会に進出する女性の少なさがあります。令和7（2025）年2月現在の日本における衆議院議員の女性の割合は9・7％、内閣の女性閣僚は2人であるのに対して、フランスの場合、下院にあたる国民議会に占める女性の割合は38・8％に達しており、内閣も男女の割合がほぼ同数となっています（内閣府男女共同参画局調査）。それ以外にもフランスは企業の要職に就く女性の割合が高く男女平等社会と認識されていますが、それは政治的制度が大きな要因となっています。

現在のフランスの県議会選挙は男女がペアで立候補するのが義務付けられており、必然的に議会における男女の割合が同数になります。その理由は、フランスでは伝統的に女性の社会的地位が低く、「男性とセット」という形でなければ女性が選挙に当選できないという実情があるからです。

天皇陛下の男系男子継承を女性差別的だと非難する声もありますが、逆です。全ての女性は皇族と結婚することができます。いわば、「プリンセスになるチャンス」を持っていると言えます。過去の歴史を振り返ると男性の皇族と結婚した平民出身の女性がいるように、誰しもが皇室に入れる機会があるのです。

それに対して、男性の場合、血筋で選ばれた者しか天皇になることは叶いません。皇族の血を引く男性皇族しか天皇陛下になれないという仕組みが生まれたのは、世俗的な権力欲にまみれた男性が入り込むのを防ぐという意味合いがあります。そのような背景があるため、天皇陛下と御皇室は２７００年近くにわたって存続しているのです。

男系男子制度とは男女差別ではありません。現在は女系天皇容認論が取り沙汰されていますが、それは御皇室を崩壊させる行為に他ならないと私は思います。政治家でも、正しい意味で歴史的事実を知っている人物は総じて女系天皇に反対しているのですが、残念ながら事実を把握していない政治家は少なくありません。

夫婦別姓制度推進の真の理由

男女平等政策の一環として数年前から盛んに論じられているのが「選択的夫婦別姓制度」、いわゆる夫婦別姓制度です。

令和3（2021）年12月に内閣府が発表した「家族の法制に関する世論調査」によれば、「現在の夫婦同姓制度を維持した方がよい」とする回答が全体の27・0％、特に20歳から40歳の間では10％台の低い支持となっていました。この調査の結果を受けて、内閣府の林伴子男女共同参画局長は「(夫婦の姓に関する）新しい法制度を求める声が高まっているものと受け止めております」と、答弁しました。

しかし、世論調査の詳細を確認すると、この答弁にはない事実が浮かび上がります。夫婦の姓の仕組みに対する質問の続きを見ると、「夫婦同姓制度を維持した上で、旧姓の通称使用についての法制度を設けた方がよい」とする回答が42・2％であるのに対して、「選択的夫婦別姓制度を導入した方がよい」という回答は28・9％と、全体の3割を下回っているのです。この結果を見ると、69・2％の人が現在の法制度を維持した上での仕組みの改正を求めていると読み取るのが自然だと思います。20歳から40歳までに限定しても、60％以上が現在の同姓制度を維持する旨の回答をしており、選択的夫婦別姓制度の導入を求める層は全体の30％台です。

私は、世論調査の結果は　林参画局長の答弁とは、むしろ真逆の意味合いを持つと思っています。夫婦別姓制度の導入は約7割にあたる反対派の意見を無視したものです。日本政府やメディアが夫婦別姓制度に対して肯定的なのは、夫婦同姓による不便を盛んに訴えるノイジーマイノリティ（声高に意見を唱える少数派）の意見を汲んでいるからではないでしょうか。

婚姻率を下げる効果を生み出す夫婦別姓制度

先日、日本経済団体連合会（経団連）所属の夫婦別姓推進派のメンバーが自民党本部を訪れて、私が所属する「婚姻前の氏の通称拡大・周知を促進する議員連盟」のメンバーと議論する機会がありました。その際の議員連盟のメンバーは、私と参議院議員の片山さつき氏、山谷えり子氏、衛藤晟一氏、西田昌司氏という布陣で、夫婦別姓賛成派の意見は全て論破可能であるのが判明し印象的でした。

複数の大企業が構成する経団連が夫婦別姓という極左的な政策に賛同する理由は、現在は多くの企業がダイバーシティ（多様性）や女性活躍といった外国発祥のキーワードを積極的にアピールしているからだと思います。

現実的に考えると、夫婦別姓制度を採用すれば戸籍制度の崩壊や子供の姓の決定権など多くの問題が発生するのは確実です。外国の事情を挙げると、夫婦別姓が認められている台湾では両親が子供の姓をくじ引きで決める例があり、ドイツでは姓の決定権をめぐって裁判が行われる例があります。このような行為は自身の子供に対する冒涜《ぼうとく》ではないでしょうか。

結婚後の女性が男性側の姓になるというのを男女差別的と捉える意見もありますが、日本の場合、強制ではなく、その逆の事例（男性が女性側の姓になる）もあります。また、別姓制度イコール平等的というわけではありません。韓国で夫婦別姓制度が採用されているのは、男性側が先祖代々の血統を守るためという意味であり、韓国の妻は夫と同じ一族の人間とは認められないのです。

経団連のメンバーと議論を行った際、私たちは夫婦別姓制度が採用された場合、何を基準に生まれたばかりの子供たちの姓を決めるのかなどと質問したのですが、彼らは自分たちの意見を持っていませんでした。現状でも結婚後の女性が職場では旧姓で呼ばれるなど、通称使用で別姓問題はほぼ解消されているのですが、その事実が報道される機会はありません。

逆にメディア報道の影響で結婚後に姓が変わるのを不安視してしまう女性もいますが、彼女たちに対しては、「そもそも問題は起きていない」という事実を伝えるべきだと思います。

私が夫婦別姓推進派と議論した後、当時の山口県連の女性局長から連絡があり、「杉田さん、あんた夫婦別姓どない思っちょる?」と質問されました。私は反対派だが議論は慎重に行うべきだと答えたところ、「私ら皆反対しとるけね。しっかり反対してよ」と、仰ったので大変嬉しく思いました。女性局長の意見こそが大多数の日本人女性の見解だと思います。経団連が夫婦別姓を推進している理由は、自分たちのビジネスにとって都合が良いからです。

少子化問題に対する政府の的外れな対策

令和5(2023)年の出生数は72万7277人(厚生労働省調査)と、統計が始まって以降最低を記録して、6年以降はさらに減少するのが確実です。加速する少子化を受けて日本政府は「異次元の少子化対策」という名の様々な支援対策を実施していますが、明確な効果は現れていない印象です。

特に現金給付による少子化対策については、財源を確保するために税金の増加、または現在の子供たちが将来負担する形になるため、女性が子供を産み育てたいという気持ちを逆に低下させる可能性があります。女性が子供を産まない選択をする理由は経済的事情が全てではありません。誰もが子供を産みたい・育てたいと思える社会を構築するというのが最大の少子化対策となります。

しかし、今のような不安な社会の中では、産まれた子供を幸せにできる気がしないという声も少なくありません。現在のウクライナのように将来の日本が他国から侵略される可能性は十分にあります。また人口減少の一途を辿る日本に対して、世界全体の総人口は増加し続けているため、将来的には大規模な食料危機が発生するかもしれません。食料不足対策として一時期昆虫食が推奨されましたが、大抵の人は食用コオロギを食べざるを得ない世界で子供を産み育てたいとは思えないでしょう。

安心して子供を育てられる日本を取り戻すためには、食料問題も含めた安全保障や治安の確保が必須となります。

総務省や厚生労働省は男性の育児休業を盛んに推奨していますが、少子化対策として有効とは思えません。女性が抱える育児や家事に関する悩みは、パートナーとなる男性の悩みとは異なります。パートナーが育休を取得する結果、かえって心労が増す、家事の負担が増えると答える女性も多いのですが、そのような意見は反映されていない印象です。

パートナーの男性に育休を与えるというのも一つの手法になるでしょうが、その他にも子供の祖父母が育児を手伝えるように、親族の同居や近居の促進、あるいは育児のために帰省する際の交通費を給付するなど、支援においては複数の選択肢を設けた方が良いと、私は考えています。

少子化問題の前に、男女が婚姻関係を結ばなければ子供が産まれようはありません、日本政府は、子育て支援よりも結婚支援策に焦点を当て、結婚を希望する男女が躊躇《ちゅうちょ》なく決断できる、あるいは多くの人が結婚相手を見つけるのが可能な政策を実施するべきです。

現在の日本政府は、希望出生率1・8、2100年時点の総人口8000万人を目標に掲げていますが、現状を見ると、それを達成するのは、ほぼ不可能です。豊かで世界に胸を張れる、多くの人が子供を産み育てたいと思える社会構造を生み出すための政策に対して、日本政府が本気で取り組んでいるか疑問を感じます。

子供の視点で考えられていない日本の子育て支援策

私は国会議員になる以前は兵庫県西宮市の職員として勤務しており、平成22（2010）年に退職するまでの最後の5年間は子育て支援を担当していましたが、日本の子育て支援策は主に働く親側の視点から考案されたもので、子供の側の視点がないと感じていました。

西宮市職員時代の私は子育てをしながら働いていて、当時の保育所の保育時間は朝の8時から夜の18時まででした。私の場合、18時前に子供を迎えに行き、そこから帰宅して、食事を作り、風呂に入れて寝かせると、どれほど急いでも21時を過ぎてしまいました。翌日は朝の7時前に子供を起こして朝食を食べさせた後に支度をして、8時までに保育所に送り届けなければなりませんでした。現在は、自治体の条例の改正によって20時、遅い場合は22時まで子供を預かる公立保育所があるようです。保育時間の延長によって親は長時間勤務するのが可能となりますが、子供の成長にとって良い状態とは思えません。

子供が保育所に通う乳幼児期は体や脳の発達が著しい時期で、睡眠が特に大切な要素となるのですが、子供が長時間保育所にいる場合、十分な睡眠時間を確保できません。また、病児保育や病後児保育の不足は度々問題になっています。子供が急に体調を崩した時に預ける場所がない保護者の気持ちは痛いほどわかりますが、大抵の子供は、病気の時はお母さんやお父さんと一緒にいたいと思うのではないでしょうか。

私は、これまで外国の子育て事情についての視察を何度も行いました。フランス人の場合、「国民にとって一番大切なものは何か?」と尋ねると、「家族」と答える人が非常に多いそうです。家族を大切に考えるフランス人は労働と家庭生活のバランスを取るのを第一に考えており、１９３２年に制定された「家族手当法」など、家族を守るための法律が多く制定された経緯があります。デンマークの場合、男女を問わず子育て中の親は午後3時から4時前後に退社可能となります。保育所から子供を迎えて家族で食卓を囲むなど団欒《だんらん》の時間を過ごした後に仲間や同僚と飲みに行くというのが、一般的な子育て中のデンマーク人の生活パターンです。

福祉先進地域の北欧諸国では、乳幼児期の子供は可能な限り親と一緒にいる方が良いと考える「3歳児神話」が復活しており、スウェーデンの保育所は生後18ヶ月未満の乳幼児は預からないという方針を取っています。フランスの保育所の場合、生後8週間から子供を預けることが可能ですが、保育費用が家計の12%を超えてはいけないという基準が設けられているなど、子供が家庭で過ごす時間を増やすための対策が実施されています。

日本でも男女を問わず子育て期の親の働き方の見直しを行うべきですが、同時に大人が子供のペースに合わせて生活できる環境を生み出す必要があります。

伝統的な日本の子育ての方法を復活させるべき

西宮市職員時代の私が特に力を入れて取り組んでいたのが、児童館を活用した地域子育て支援でした。「児童館」と聞くと、習い事が盛んではない時代に人気を博した子供の遊び場といったイメージを持つ方が多いでしょうが、実際は子育てのスペシャリストたちが揃った素晴らしいポテンシャルを持った施設なので、私は地域子育て支援の拠点として活用できると考えて、政策を実行したのです。

具体的には乳幼児を育てているお母さん方に対して午前中の時間帯に児童館を開放して、つどいの広場事業などを活用して、子供の年齢や発達に応じたプログラムを多く用意しました。子育てについて相談できる相手が近くにおらず淋しさを感じている方々に同じ悩みを持っている方との交流の場を提供する、あるいは経験豊富な児童館の職員が育児の悩みの相談に乗ることで、お母さん方の孤立感を解消する効果が生まれます。当時の西宮市内には移動児童館を含めて児童館が10ヶ所あったのですが、私が取り組みを始めて以降、児童館の利用者の総数が毎年約1万人ずつ増加したのです。

当然ながら、取り組みを行うためには多くの費用がかかりました。赤ちゃんがはいはいをしても大丈夫な環境を整える必要があり、乳幼児用のおもちゃも必要となりました。乳幼児の世話をする人員も配置しなければなりませんでした。予算の捻出には大変な苦労をしましたが、私は当時の経験を踏まえて、地域子育て支援事業の重要性を把握しています。

私が子育て支援を行う上で協力していただいた児童健全育成推進財団の鈴木一光理事長は、「児童の健全育成とは、子供が社会の様々な理不尽を自分の力で乗り越えられるような大人に成長するよう支援することであり、その力を付けさせるのが大人の責任である」と述べています。鈴木理事長は、子育てが終わる時期について、「孫が成人となる20歳（当時）になるまで」と見ていますが、子育ての当事者となるのは親子の2世代だけとは限りません。

他国の伝統的な子育ての方法を確認した私自身の経験からすると、家族の子育てにおいては祖父母の存在が非常に重要な役割を持つように見受けられます。

フランスでは、貴族文化の影響により、伝統的に子育ては両親が行わず乳母がその役割を担っていたそうです。現在でもその名残があり、「認定保育ママ」と呼ばれる乳母の国家資格があります。現在のフランスに約２４０万人存在する３歳以下の子供の中で公的な保育を受けているのは約１４０万人ですが、その中で保育所に入っているのは全体の42％

程度に過ぎず、58％の子供たちは認定保育ママによって育てられています。

日本の場合、祖父母による子育てが伝統的手法になっている印象です。キッズいわき・ぱふ代表の岩城敏之氏の講演で聞いた話によると、農耕が主な産業だった昔の日本では、女性は結婚して子供を産んだ後は、現在の産休期間と同程度の休養期間を取った後に家事や農作業に復帰したそうです。母親が休養している間は農作業を引退した祖父母が子育てを担当していました。

近年では、進学や就職のために地方から上京する人物の割合は、男性よりも女性の方が高いのですが、東京都の合計特殊出生率は47都道府県の中で最低の0・99（令和5年度）を記録しています。東京への一極集中化は少子化を推し進めています。

母親が地元で子育てを行えば、自分の両親、もしくは配偶者の両親が近くに住んでいる形になりますので、祖父母の手を借りた子育てが行いやすいというメリットが生まれます。そのため、地方在住の母親は複数の子供を得る例が多いのですが、上京者の場合、両親だけで子供を育てる形になるため、自ずと東京の少子化が加速しているのです。

今後は、祖父母の手を借りる形の子育ての推進、例えば住宅政策で家族の同居、近居を推奨して、両親が東京在住の場合、祖父母が上京するための交通費を負担する手当を設けるといった政策の実行が求められます。子供の面倒を見る祖父母がいない場合は、地域の高齢層が参加して子育てを助けるスタイルを日本全国に構築するというのが、最大の少子化対策になると、私は思います。

地域子育て支援事業を行った私は、子育てを自分一人が担当しなければならないと考える結果、思い悩んでしまうお母さんが多いという事実を知りました。特に専業主婦には、その傾向が強いのですが、「お母さん一人の愛情で100にする必要はない」「お母さんも、お父さんも、おじいちゃんも、おばあちゃんも、そして保育所の先生や地域の人たちを全部合わせて100の愛情にしていけばいいいんだよ」というアドバイスを、思い悩むお母さん方に向けて発した経験があります。

私は、高齢層が子供を見るという日本の伝統的な子育て制度の復活を推進するべきだと思うのですが、このような意見を公にすると「前時代的」「女性を労働力としか見なしていない」と批判されるのは確実です。しかし、伝統的な子育て制度というのは国や地域によって様々で、それが当該国や地域にとっては適切なものであるという事実を無視してはいけません。

最近では老人ホームの近くに保育所が設立される例があります。子供たちは高齢層に面倒を見てもらえる一方、高齢層側も小さな子供たちと触れ合って活力が芽生える効果が生まれます。以前、私の娘は保育園が隣接する高齢層のデイサービスセンターを訪問して、保育園児と高齢者が交流していましたが、まだ少数ながら、そのような例も増えつつあります。

私は、多くのお母さん方は日本の伝統的な子育て制度の素晴らしさを知ってほしいと思います。

子ども食堂の利用層から見える現代日本に隠された問題

「子ども食堂」の存在について懐疑的な私ですが、先日、自身の選挙区の山口県防府市内の子ども食堂に伺って、手伝いをさせていただきました。当日は歌手の中尾ミエさんも訪れており、二人で一緒に食事を運びました。

ＮＰＯ法人（特定非営利活動法人）が運営する子ども食堂ですが、現在は数々の問題が発生しています。頻繁に指摘されているのは、実際の子ども食堂の主な利用層は、親に命じられて塾や習い事の前に軽食を取る子供というものです。残酷な事実を言うと、子ども食堂を本当に必要とする極貧の家庭で育つ子供は、なかなか子ども食堂に訪れることができません。本当に困っている層は陰に隠れた存在であるため、人々の目に止まる機会すらないのです。

そのような事情があるとはいえ、子ども食堂には豊かではない家庭で育てられていると見受けられる子供たちが多く訪れます。私が子ども食堂の手伝いを行った際は、右と左でデザインが違うつっかけサンダルを履いている子供や、おそらく中学生か高校生なのに母親のような雰囲気を持った少女も参加していました。

後に産婦人科の医師に聞いたところ、最近は不登校の女子中学生や女子高校生が妊娠・出産する例が増加しているそうです。不登校の女子生徒は、主にマッチングアプリを利用して男性と知り合うのだそうです。不登校の生徒は必然的にインターネットに目を通す機会が多く、ネット環境の普及による「負の連鎖」が生まれています。

私に事実を伝えた医師は保守的な思想の持ち主で、ＬＧＢＴ法案や生活保護政策の推進が不登校の生徒の増加に一役買っていると見ています。不登校の生徒の妊娠・出産については本気で対策を取る必要がありますが、公に報道されません。その理由は未成年の女子に対して行われる中絶など、社会的にオープンにできない事情があるからではないでしょうか。

不登校の生徒は中学校までは自動的に卒業する形になりますが、当然ながら教育を受けていないため、社会に出ても職場に適応できない例が大半です。仕事に就けないまま引きこもり状態の未成年たちがインターネット上で知り合っては次々と妊娠・出産を繰り返しているのです。現在の日本社会は水面下で深刻な問題が発生しています。

電力不足を解決する原発再稼働

令和4（2022）年3月、東京電力と東北電力の管内で史上初の電力需給ひっ迫警報（電力会社の供給予備率が3％を下回る見込みとなった状態）が発令されました。それほどまでに、現在の日本における電力不足は深刻な状態です。

従来の日本は、石炭、石油、天然ガスなどの電力の元となる化石燃料資源の供給を外国に依存していました。今後の対策としては、風力発電や太陽光発電といった再生可能エネルギーによる発電技術の開発が挙げられますが、近年のヨーロッパ各国で電力の価格が高騰した理由は、再生可能エネルギーの発電量が不十分で、電力需給の急増に伴い深刻な電力不足状態になったからです。

最近のヨーロッパでは原子力発電所の積極利用を求める声が拡大して、フランスを中心にチェコ、フィンランドなどの10ヶ国は原発をグリーン投資（環境問題に配慮した経済活動への投資）の対象に加えるよう共同声明で欧州委員会に訴えて、ベルギーのブリュッセル市で開かれたEU首脳会議後の記者会見の場で、当時のウルズラ・フォン・デア・ライエン欧州委員会委員長は「我々は安定的なエネルギー源である原発が必要だ」と述べました。現時点では、再生可能エネルギーは有効な解決策になりません。

他にも、再生可能エネルギーには、特定の国家の利権が絡んでいるという事実があります。日本も含めて世界各国に流通する太陽光パネルを製造するメーカーの大半が中国系です。令和4（2022）年に、米軍の航空基地がある山口県岩国市で建設が進んでいる大規模太陽光発電所が、中国系企業の上海電力の日本支社に買収された事実は地元を中心に大きな波紋を広げており、私も安全保障の観点から非常に不安視しています。

化石燃料資源を持たない日本にとって、原子力は電力自給率の向上に寄与でき、かつ安定的な電力供給をもたらすエネルギーです。東日本大震災以降、国内の原発の大半は活動を停止していますが、再稼働を求める声は日を追うごとに高まっています。福島第一原発事故の影響などから、原発の安全性を不安視する意見もありますが、災害や他国からの攻撃で危険な状態になった際は迅速に稼働を停止するなど、対応によって安全性を確保できると思います。

私は、令和4（2022）年3月23日に開催された国会において、当時の松山泰浩資源エネルギー庁電力・ガス事業部長に、日本政府の電力エネルギーに対する展望について質問したところ、安全性の確保を大前提とした上で、原子力発電所の再稼働を着実に進めていくのが重要だという返答を受けました。

日本政府は、原発の安全性を確保した上で再稼働すると公言し続けていますが、なかなか、そのスピードが上がりません。当時の萩生田光一経済産業大臣が電力需給ひっ迫警報を発令した際、動画サイトのコメント欄には原発の再稼働を求めるコメントが溢れかえるなど、実際は原発賛成派が多数なのです。

これは私の支援者である看護師の意見なのですが、大規模な停電が発生すれば、病院の医療機器が停止する形になります。また、病院だけではなく、自宅で医療機器を使用している方もいますが、自家発電機を設置していない場合、停電時に本気で生命に危機を及ぼす可能性があるのです。日本国民の命を守るためにも早期に原発を再稼働させて、電力の安定供給を実現するべきです。

外国勢力から日本の企業・人材を守るための法案を制定するべき

近年、企業にとって人権問題への対応は重要な課題となっています。特にアメリカでは人権侵害を理由とする制裁措置が増加しており、「エンティティリスト」という、アメリカ商務省産業安全保障局が発行するリストがあります。アメリカの国益に反する活動を行う企業や団体指定された企業に対して輸出入の制限を行っております。カナダやＥＵ圏内では、「人権デューデリジェンス関連法制」と呼ばれる企業が人権を尊重するための法案が次々と整備されており、企業が法案に違反した場合、禁錮刑などの刑事罰を規定している国すらあります。今後は日本企業も取引先企業が所在する国の法律の適用を受ける、または直接の適用を受けなくても各国の取引先企業からサプライヤーという立場で実質的に同様の対応を求められると想定されます。

各国の政府が産業基盤の強化と人権を尊重するための法案作成を同時に進行させている中、日本政府も対応を急がなければ、ＥＳＧ（非財務情報）投資家の引き上げや消費者からの製品のボイコットといった不利益を被るだけでなく、各国の企業からビジネス関係を解消されるおそれすらあります。日本経済を守るという意味においても、日本政府が世界の人権問題に対して真摯《しんし》に取り組んでいる意思を示すという意味においても、今後は日本も企業が人権を尊重するための法案を制定する必要があると思います。

アメリカのエンティティリストには中国の大手太陽光発電パネルメーカーが記載されています。そして、太陽光発電パネルの製造工場の多くは中国政府が実効支配する新疆《しんきょう》ウイグル自治区に設置されています。中国政府がウイグル民族に対して行っている人権弾圧に鑑みれば、日本も欧米諸国と歩調を合わせる形で、新疆ウイグル自治区内で製造された製品は使用禁止とする法案を制定するべきです。

現在、各国で使用されている太陽光発電パネルの大半は中国製ですから、上記のような法案が制定されると、日本における太陽光発電による電力の供給量が激減する形になります。その代替として新たな再生可能エネルギー発電の技術を開発する、または原発を再稼働させるといった対応が求められます。日本政府は、それらを早期に検討するべきだと思います。

また、今後の日本企業は、人権保護法案を制定すると同時にインテリジェンス分野の人材の確保も必須事項となります。以前から日本人研究者や技術者が外国の企業に引き抜かれて、盗用のような形で日本の技術が利用されるという例が多々あります。

ＡＩ（人工知能）や量子コンピュータといった最先端技術の開発・研究に携わる人材の総数は非常に限られています。今後の日本政府は、研究者たちが国内で開発に専念できる環境を生み出して、多額の報酬を与えるなど正当な評価を与える制度を生み出すといった対応を行うべきです。

私は日本の政治における最大のウィークポイントは、行政の縦割り構造にあると考えています。これまでは安全保障という分野においては主に防衛省と外務省が、経済という分野においては経済産業省が取り組んでおり、双方に関連性はなかったため保護体制が脆弱でした。今後の経済安全保障においては単にこの三省が連携するだけではなく、科学技術分野においては文部科学省、対象となる基幹インフラにおいては国土交通省や総務省、厚生労働省などが連携して省庁横断型の幅広い対応を行い、強固な保護体制を構築することが求められます。

政治家や国家公務員の国際結婚によって生じる問題

日本の政治の世界に外国籍の人物が入り込むのを懸念する声があります。

以前の日本では「国籍条項」と呼ばれる日本国籍でなければ公職に就けない制度が存在したのですが、近年では次々と撤廃されており、地方自治体や司法界では外国籍の人物が多数活躍しています。司法界は完全な実力社会であるため、国籍を問わないのはやむを得ない面があるとは思いますが、国家の運営に直接携わる国会議員や国家公務員に関しては、戸籍の公開を義務付けるなど国籍条項と同様の制度を設けるべきというのが、私の持論です。

しかし、日本では自由恋愛が認められているので、国会議員や国家公務員と外国人の結婚を禁止するのは許されません。自民党所属の政治家も配偶者が外国人である例は珍しくないのです。そのような事情がある一方で、外国勢力による「ハニートラップ」が存在するのは事実です。

国家の安全と個人の自由。非常に難しい問題ではあります。海外の事例なども参考としながら、ある一定の線引きを行うことも必要なのではないでしょうか。

硬直化した官僚の世界

現在の日本では数々の問題が発生しているにもかかわらず、社会を動かす役割を持つ政治家や官僚の多くが実情を把握していません。先日、児童虐待やネグレクト（育児放棄）の問題を担当する若手政治家と話す機会があったのですが、おそらく、その政治家は実際に虐待を受けている子供に会った経験はないのだろうと感じました。

政治家や官僚の多くは幼少期から私立、国立の学校に通って、高レベルの教育を受けて育った経緯があります。裕福な家庭に生まれて高レベルな勉強という意味でのエリート教育を受けてきた彼らは、いわゆる貧困層の人々の生活を見る機会がないのです。

日本は階級社会のような一面があり、エリート層はエリート層、貧困層は貧困層同士で交流を行うため、互いが交わる機会はほとんどありません。かつての日本は中間層と呼ばれる平均的な収入を得る人々が大多数だったのですが、現在は中間層が減少した結果、人々のコミュニティが二極化しつつあります。

私の場合、国立大学を卒業後に一般企業に2年間ほど勤務した後、西宮市職員になったという経緯があります。決してエリートコースを歩んだわけではないですが、基礎自治体の職員として仕事をした約18年の間にあらゆる層の人々に触れ合う機会がありました。政治家の場合は、各々の背景が官僚に比べると多種多様なのですが、官僚の場合は、ほぼ全員が高学歴のエリート層であるため、体制が変化する機会がないのです。

官僚の体制を変化させようとしていたのが、安倍晋三元首相でした。安倍元首相は、平成26（2014）年に内閣人事局を設立して、内閣が官僚の人事管理を行うようにしましたが、これは政治を官僚から政治家主導にするという意味合いがあります。当然ながら、内閣人事局設立時には官僚からの猛反発があり、野党からは内閣の権限が増したと批判されましたが、本来、政治とは政治家が担うものです。

安倍元首相が内閣人事局を設立したのは、硬直化した官僚の体制を変えるという意味合いもありました。市役所など地方自治体の場合、例えば市内に防災公園を作るために今までは医療課や土木課に使われていた予算を環境課に回すなど、状況に応じて予算の割り当てを首長の権限で組み替えることが可能です。

それに対して各省庁の場合、予算は完全に固定化しています。現在は経済産業省と農林水産省の予算は同額なのですが、産業構造からすると、互いの営業利益は経済産業省が99%、農林水産省が1%という割合であり、環境省は平成13（2001）年に設立された比較的新しい省ですが、予算は経済産業省と農林水産省の10分の1程度です。このような状態であるため、各省庁では予算不足が発生することがあったとしても、省庁間での予算のやり取りができないため、臨機応変な対策が行えないのです。

現状、各省庁の予算の変化は前年度を基準にした増減のみです。これは憲政史家の倉山満氏から伺った話ですが、各省庁に年度の初めに通告される予算の額は予算案と言われていますが、実際は予算そのものであるそうです。仮に各省庁が予算委員会に予算の変更を求めても額は増減しないのです。

倉山氏によると、省庁の予算が固定化しているのは、大日本帝国憲法下の予算の修正を禁じる制度の名残《なごり》であるそうです。日本国憲法下では予算案に変更しましたが、実際は戦前・戦中のルールを踏襲しており、予算委員会は予算の増減の場ではなく内閣のスキャンダル追及の場になっています。

第4章

日本を取り巻く情勢の真実と国防のために必要な思想

共産主義思想を打倒するための保守思想

現在、日本を取り巻く状況は日に日に危機的になっているのですが、大半のメディアは事実を報じません。私は、多くの日本国民が国際情勢の真実を知って危機意識を高めると同時に、本来の日本の政治思想を知ることで国難に立ち向かうのを願っています。

現在、日本に対して威嚇《いかく》・挑発的な行為を繰り返しているロシア、中国、北朝鮮の3ヶ国は、いずれも共産主義国家、あるいは共産主義の影響を大きく受けています。世界から共産主義思想が消滅しない限り、本当の意味での世界平和は訪れないというのが、私の持論です。

古来、日本の文化の多くが中国の文化の影響を受けて誕生した経緯があり、孔子が手がけた『論語』が、日本の志士たちが明治維新を成し遂げる原動力になったなど、日本国民の精神に大きな影響を与え続けてきました。そういった面で考えると、日本の人々が古代中国に対して敬意を払うことは理解できますが、中国共産党が実行した文化大革命によって中国国内の文化の多くが破壊されたというのは歴史的事実です。また、現在のロシアや北朝鮮を見ればわかるように、これまで世界各地で実施された独裁体制の根底に存在するのは共産主義でした。

近世において実施された戦争の大半は共産主義が発端となっています。第二次世界大戦時に日本・ドイツ・イタリアの3ヶ国間で枢軸同盟が結成された理由は、ソビエト連邦や中国の赤化政策の南下を防ぐという意味合いがありました。地理的に日本は共産主義国家に一番近い位置にあったので壊滅的被害を受けたという側面があります。大戦後に行われた朝鮮戦争やベトナム戦争は、いずれも自由・資本主義対共産主義という構図でした。

私自身も西宮市職員時代は、日本共産党系の労働組合への参加や、日本共産党の機関紙「しんぶん赤旗」の購読を強要されました。日本の地方自治体では、いまだに共産主義が大きな影響を与え続けています。

今後、世界各国が共産主義と戦い抜くためには、保守思想の存在が必須になると私は思います。西宮市職員時代は共産主義の影響に抵抗し続けていた私は、日本の各自治体が日本共産党の主張と真逆の政策を行い続ければ、社会は改善されると考えています。

共産主義思想の危険性と利他の心の素晴らしさ

左派・リベラル系を標榜する政党に保守的な思想を持つ人物が在籍している例は珍しくありません。現在の最大野党である立憲民主党には、北朝鮮による日本人拉致に対して熱心に取り組んでいる議員が複数在籍しています。読者の皆様も立憲民主党の議員が拉致被害者救出の願いを込めたブルーリボンバッジを着用している現場を見た経験があるのではないでしょうか。

また、日本領海に存在する竹島を韓国が実効支配している問題に関しては、地元の島根県隠岐の島町の住民が何度も訴えたにもかかわらず、歴代の自民党政権は静観を続けた過去があります。竹島問題が表面化したのは、平成21（２００９）年に旧民主党政権が誕生して以降であり、平成24（２０１２）年に、当時のイ ミョンバク韓国大統領が竹島に上陸して天皇陛下（現上皇陛下）に対して非礼な発言を行った際は、徹底的な抗議を行う法案が可決されました。

民主党政権の例を見ればわかるように、大半の政党には日本を守るための保守思想を持つ議員が存在します。私の主観からすると、日本の政党で保守議員が皆無なのは日本共産党と社民党とれいわ新選組のみです。

「国を守りたい」「人々を幸せにしたい」というのが保守思想の基本であるのに対して、共産主義思想の基本とは「皆が一緒になる」という考えです。私は、必死に努力した人物は相応の報酬を獲得するなど必ず報われるべきだと思いますが、共産主義思想下では、努力した人物も怠惰な人物も全員が一律、言い替えれば「皆が一緒に貧乏になる」「皆が一緒に弱くなる」のを目指す形になります。

古来、日本人には「利他の心」と呼ばれる、自分を犠牲にしても他人のために尽くす、自分を蔑《ないがし》ろにしても他人のために努力しようとする精神が存在します。利他の心は他民族が持ち得ない精神であり、私は日本人の一番素晴らしい部分だと思っています。人々が利他の心を忘れてしまったら、日本は崩壊してしまうでしょう。

皆が同一の世界が素晴らしいものであるはずはなく、常に強者と弱者が存在して、利他の心に基づき、強者が自身の責任を果たすという意味で弱者を救うというのが、本当の意味での平等社会であると、私は思います。

世界中に多大なる貢献を果たした利他の心

日本人の精神性で最も尊いのは、先に述べた利他の心です。私は日本人の精神について深く学んでおり、利他の心とは何かを承知しているのですが、残念ながら多くの日本人は自覚していません。その原因は、大東亜戦争後にGHQ主導の下に実行された公職追放や、WGIP（ウォー・ギルト・インフォメーション・プログラム）という洗脳計画の影響による教育の偏向でしょう。

今まで、日本人は利他の心に基づいて世界に対して多大なる貢献を果たしてきました。

日本の人々は、自国が世界に対して行った物事を見直して、日本人の精神とは何かを知るべきだと思います。利他の心は全ての日本人に備わっているため、少し学べば誰でも理解可能です。

実例を挙げると、現在は、世界各国がアフリカなどの発展途上地域に対して大規模な援助を行っています。とはいえ、大半の国は利益を第一に考えた援助を行っていますが、日本の場合、先端技術を伝えて持続的な開発を可能とするなど、地域の発展に結びつく援助を行っているのが特徴です。

過去には、明治時代の日本政府が統治していた台湾と朝鮮半島に「総督府」という日本の県庁と同様の行政機関を設立して、地域の発展のために鉄道や工場を設置しました。教育面においては日本式の教育機関を設置して、当時の朝鮮半島で廃れていた固有文字のハングルの普及に努めるなど、現地の文化を尊重した授業が実施されたのです。いわば、日本の委任統治とは支配ではなく日本の県が一つ、二つ増えたような感覚でした。当時の台湾と朝鮮半島の学生が日本の高校野球選手権大会に出場していたのは、彼らが「日本人」

と見なされていたためです。

それに対して、欧米諸国が行ったのは「植民地支配」、自国の利益のために他国の資源や文化を根こそぎ奪い去るというものでした。イギリスがインドを支配していた時期、現地の人々が耕していた穀物の畑が次々とイギリスに輸出するための紅茶畑に変えられた結果、多くの人々が餓死しました。教育面においても、民族の本来の言葉を使うのは禁じられて支配国の言葉を使うよう強制されました。現在のアフリカ諸国の公用語が英語やフランス語、南アメリカ諸国の公用語がスペイン語やポルトガル語であるのは植民地支配時代の名残です。

日本と諸外国の他国に対する考え方は根本的に異なります。大東亜戦争時に頻繁に使われた「八紘一宇《はっこういちう》」という言葉は現在では軍国主義の象徴と見なされていますが、本来は「世界中の全ての人が差別なく一つの家の中に住んでいるような状態」を目指すという平和的な思想です。

保守派が団結する方法

一口に保守思想と言っても形は様々ですが、保守系を標榜する人物が大同団結することで、これからの日本を支えていかなければなりません。そのために柱となる政策を確認し合う必要があります。だいたい三つくらいの柱を用意できればと考えています。

一本目は「日本国憲法の改正」。昭和22（1947）年5月に施行された日本国憲法は、GHQの指導の下に性急に作られたものであり、不足した部分や現代では適切ではない部分が多々あるのですが、施行以来一度も改正されていません。特に「戦争放棄、戦力の不保持」をうたった第9条の影響により国防のためには必須不可欠な自衛隊の存在は、いまだに議論の対象になっています。安倍元首相は、日本国憲法第9条に第3項を加えて自衛隊の存在を明文化する改正案を提案しましたが、実現に至っていません。周辺諸国による日本への圧力が高まる中、憲法改正は迅速に行うべきです。

二本目は「皇統の男系男子の守護」。2700年近くにわたって日本を統治されている天皇陛下という存在は、今日もなお日本の人々の精神的主柱となられています。歴代の天皇陛下が保持される多大なる権威は、初代神武天皇以来続く男系によって培われたものです。昨今は男子皇族の減少を受けて女系天皇容認論が唱えられていますが、現在男系を守護するための方法が提案されており、その早期実現を望みます。

三本目に関しては、これから議論が必要です。保守系を標榜する方々には、夫婦別姓反対や積極財政策の実行など、日本を守るために必要となる思想を抱いて欲しいと思います。

私は、国会議員として落選中だった平成28（２０１６）年1月から「林英臣政経塾」に第11期生として入塾しました。林英臣政経塾は松下政経塾第1期生で東洋文化研究家の林英臣氏が設立した、共生文明の創造と日本の改新を目的とした政経塾で、参政党代表の神谷宗幣氏、日本維新の会前幹事長の藤田文武氏、大阪府泉大津市長の南出賢一氏、大阪府和泉市長の辻宏康氏、神奈川県鎌倉市長の松尾崇氏らが学んだ経緯があります。

私は、史上初の女性塾士となりました。塾士になる際は、日本と政経塾のために努力すると決意する誓いを立てるのですが、塾生としての態度は決して真面目ではなかったと自覚しています。それでも、塾内では皇統や『論語』の解説、思想家の吉田松陰、佐藤一斎、安岡正篤の教え、『古事記』や『日本書紀』の内容、やまとことば、松下政経塾の教えなど、日本の精神を構成する物事を色々と学びました。

林英臣政経塾内では「大同団結」と呼ばれる、高い精神性を持つ日本人が一致団結して活動すれば、日本と世界を救う結果につながると教わりました。政経塾の講座に参加する議員は超党派、むしろ野党所属の国会議員や地方議員が多数派を占めています。私自身も、塾内では後輩の指導を行っていますが、その際には与党と野党、中央と地方の区別は存在しません。私自身は、若手の政治家が古事記や皇統や武士道を学び、日本について真剣に考えているという事実に非常に大きな意味があると思っています。また、今年で12年を迎える国会綜學勉強会には毎回超党派の国会議員が集います。

林英臣政経塾に在籍する政治家は、国会議員、地方議員、首長を合わせて100人を超えました。皆が党や地域の枠を超えて団結して、外国人による日本の土地取得問題に対して一斉に異議を唱えるといった行動を繰り返せば、大きな政治的ムーブメントとなるでしょう。

私の提案は、保守系議員を象徴するマークを作成して、保守系を標榜する政治家は全員マークを象《かたど》ったバッジを着用して、選挙ポスターに表示するというものです。政治家自身が「保守系政治家宣言」を行えば、有権者側は、その政治家の主義や思想を明確に知ることができます。

日本で国政を担える保守勢力は自民党保守派のみ

現在の自民党議員を見ればわかるように、一口に政党と言っても所属している人物の思想は様々です。保守系と呼ばれる政党に左派・リベラル的な思想を持つ政治家が在籍している例や、その逆の例は珍しくありません。

今後は有権者が投票する政治家を、所属政党ではなく政治家本人の思想で選ぶ時代になると思います。最終的には有権者によって選ばれた政治家たちが全員で団結して、日本という国を、ひいては世界をリードする存在となることを目指すべきです。そのためには、保守系の政治家の存在が絶対に必要です。

現在は、神谷宗幣参議院議員が代表を務める参政党や令和6（2024）年の衆議院選挙で躍進を遂げた日本保守党など、自民党よりも保守色が強い政党が国政政党となっています。しかし、現在の衆議院における両党の議席獲得数は共に3議席と、その影響力は決して大きなものではありません。現時点で実際に国政を担うことができる保守勢力は自民党保守派のみなのです。

現状、与党である自民党のリベラル派と公明党・野党の大半は、左派・リベラル的な政策に対しては、ほぼ無条件で賛成しています。ＬＧＢＴ理解増進法の審議の際、反対票を投じたのは自民党保守派と参政党の神谷議員のみでした。今後は夫婦別姓法案や同性婚法案が審議されるのは確実ですが、仮に自民党の保守派が存在しなければ、おそらく全会一致に近い形で可決されるでしょう。

現行、左派・リベラル政策に対し抑止力になれるのは自民党保守派のみです。そこで各党に所属する保守系の政治家全員が離党して一致団結し、保守系の新政党を設立して、国会で過半数を獲得して新政権を樹立するという手法もありますが、それが実現するまでには、現状に鑑みれば、おそらく数十年〜100年の月日を要するでしょう。私が自民党に在籍している理由は、日本の保守勢力を絶やさないためです。

嫉妬心を要因とする保守層の左傾化

日本を守るためには、保守思想が不可欠なのですが、長引く不況の影響などを要因として、近年は保守層の一部が左派・リベラル系政党と同様の政治的主張を唱えています。私はその現状を懸念しています。

年々国民の納税負担率が高まる中、減税を訴えるというのは当然だと思いますが、生活保護や給付金などのバラマキを求める声が保守層から聞こえる例が珍しくありません。給付金を配布して支持を獲得しようとするのは、日本共産党やれいわ新選組が日頃から行っている政策です。

ＳＮＳを閲覧すると、65歳時から支給される国民年金の金額が低すぎるという意見を多々見かけます。労働者にとって国民年金の納税は必須になっているため負担に感じている方は少なくないのですが、実際は個人が国民年金を20年間受け取った場合、納税額の１・８倍以上の金額（令和７年時）を受け取る計算になるのです。

私自身も国民年金の納税者です。以前は国会議員や地方議員は「議員年金」という独自の年金制度が適用されており、議員としての在籍期間が長い政治家は他の年金と併用して議員年金を受け取っていたのですが、国民からの批判を受けて平成23（２０１１）年に廃止されました。そして、議員年金制度が廃止された結果、元議員が高額の年金を受け取ることが不可能となり、結果的に議員の高齢化・終身化が加速しました。

現行の年金制度では、落選や出馬取りやめで収入源を失った元議員も多額の年金保険料を毎月納付する必要があるため、多大な負担となります。私が知る元地方議員は、年金保険料を支払うために金融機関から借金を負った結果、自己破産する形になり、現在は生活保護を受給して生活しています。

世論の批判を受けて政治家の年金のシステムが変わった結果、様々な弊害が生まれました。インターネット環境の普及以降、多くの人が情報を発信できるようになりましたが、その大半は不満や愚痴、誹謗中傷です。人間には他者を助けたいという良心がある反面、他者よりも優位でいたいという心理があります。そのため、自分よりも優位な位置にいると思える人物が現れた場合、人々の嫉妬《しっと》心がネット上で他人に対する不満や愚痴、誹謗中傷となって、その人物を攻撃します。現在は人々から嫉妬されやすい政治家、経営者、芸能人、スポーツ選手といった著名人が攻撃の対象となる例が多々あります。

著名人が高額の収入を得ているのは事実ですが、平均よりもはるかに多くの税金を支払っているという一面もあります。SNSを使って著名人との直接交流が可能になるなど、インターネットは人々の間に存在した障壁を取り払いましたが、その反面「全員が同じでなければならない」という風潮を生み出しました。

世界から軽視されている現在の日本

令和7（2025）年1月、ドナルド・トランプ氏が二度目のアメリカ大統領に就任しました。トランプ大統領が日本に良い影響を与えるのを期待する声がありますが、現時点（令和7年2月時）では未知数としか言いようがありません。

私自身が長らくアメリカを訪れていないというのもありますが、現在のアメリカ国内の実態をよく把握していません。物価が加速度的に上昇しているというのは事実ですが、どれほどの人が十分な収入を得て生活しているか、あるいは困窮状態の人の割合がどれほどかなど、正確な数値を知るのは日本にいる限り困難です。

ウクライナ・ロシア戦乱やイスラエルによる周辺諸国に対する攻撃、または今後発生する可能性がある台湾有事や朝鮮半島有事など、現在は世界各地で問題が発生しています。資本主義国家のリーダーで「世界の警察」を自称するアメリカは、今後はウクライナやイスラエル、東アジアで有事が発生した際は台湾や韓国と、四方で軍事的支援を展開する必要があるため、結果的に戦闘力が分散される形になります。アメリカの軍事力が分散される中、ロシア、中国、北朝鮮がどのような動きをしてくるのか、その際、日本はどういう役割を果たせるかを検討するのが、喫緊の課題です。

各国間で緊張が高まる中、日本が崩壊しないかと不安視する声がありますが、単刀直入に言うと、ロシアも中国も北朝鮮も「日本を相手にしていません」。現在の3ヶ国はアメリカの力をどのように削《そ》ぐかを思案していますから、軍事面に関しては日本を全く警戒していないのです。その理由は、憲法第9条の影響で日本は自衛隊を他国に展開できない、「非核三原則」により核兵器の保有が認められていないなど、様々です。

現在は世界各国から軽視されている日本ですが、前述したように世界中に良い影響を与える精神を日本人が持っているのは事実です。「今後の日本が主導権を取って世界を救う」とは、壮大な願望のように思えますが、世界から共産主義の影響を排除して本当の意味での平和に導ける国家は日本だけだと、私は思っています。

男女平等政策・家族政策から感じられる共産主義の影響

現在の日本は、男女平等政策やＬＧＢＴ理解増進法案、ジェンダーフリー政策が次々と採用された結果、男女の区別すらタブーとされる状態になりつつあります。

現在の男女平等政策は、多数派が唱える一般的な意見が一律排除されている状態です。当然ながら「普通ではない意見」を全否定する必要はなく、「普通の意見」を肯定した上で受け入れるというのが理想的な形なのですが、現在は「差別がいけないから普通を否定する」という思想が主流という本末転倒な状態です。メディアや反差別派の人々は、少数派の意見を重視する傾向があり、多数派の意見を黙殺しがちです。

家族制度においても同様、一口に家族と言っても様々な形がありますが、一般的には、お父さんとお母さんがいるのが「普通」の「家族」です。中には、子供たちがいて、おじいちゃんとおばあちゃんが一緒に住んでいる伝統的な大家族もありますが、現在では、母子家庭や父子家庭も多く、またお父さんとお母さんではなく、おじいちゃんとおばあちゃんと孫が同居する家族形態もあります。全ての家族が尊重されて豊かに暮らせる社会というのが理想であるのは当たり前なのですが、現在は差別を生む、親や子供を失った家族が悲しむという理由から、「普通の家族」を定義すること自体が否定される状態です。

西宮市職員時代の私は子育て支援課に在籍していたのですが、そのころから日本の家族制度の崩壊が危惧されていました。当時の私は児童館の職員と意見を交わす機会が多かったのですが、彼、彼女らは「子供（放課後等）デイサービスとかができるようになったら、日本も終わりですね」と見ていたのです。

「子供デイサービス」とは、支援を必要とする子供たちを支援する団体や施設の総称です。日本政府が２０１０年代から開始した子供たちに安価で食事を提供する「子ども食堂」が該当します。子ども食堂が日本各地に設置されている現状は、自分の子供に食事を与えない親が増加しているという意味になります。子供にご飯を食べさせるのは親の最低限の責任です。

各自治体の首長が、子ども食堂に対して多額の予算を注ぎ込んだと得意げに語る例があります。私は一刻も早く子ども食堂が林立する状態を改善するべきだと思いますが、自治体側は、自分たちの努力によって多くの子供たちが食事を取れるようになったという面のみをアピールするのです。親の責任を行政が奪っていることに気づかないのでしょうか。

さらに、現在は各自治体が全ての生徒に対して給食費を無償にする制度を実施していますが、以前から生活保護を受給している家庭に対しても給食費無償が適用されています。各家族の経済力を考慮しない給食費無償政策が行われようとしており、個々の経済力に応じて負担額を変更する「応能負担」が否定されているのです。

家族制度を破壊して国家に忠誠を誓わせるというのは、旧ソ連で行われていた政策です。かつての旧ソ連の公営住宅にはキッチンとダイニングが存在せず、労働を行う親は朝昼晩の3食を就業場所で、子供は学校で支給される料理を食べる形にして、意図的に家族の絆が生まれる機会を排除していました。現在のロシアの状況は不明ですが、家族という人間にとって最も大切な関係を破壊しようとするのが、共産主義の恐ろしさです。

増加する引きこもりと将来に希望を持つ若者たち

現在、日本に対して挑発的な行為を繰り返しているロシア、中国、北朝鮮の3ヶ国は共産主義をベースにして誕生した独裁的な全体主義国家です。全体主義国家では国民が政府によって徹底的に管理されて最低限の生活は保障される一方、自由な競争は一切認められません。日本は、全体主義国家とは相反する資本主義、自由主義国家ですが、近年は全体主義国家的な保護政策が支持される傾向です。

令和2（2020）年から3年余りにわたって続いたコロナ禍の際、日本政府は一律10万円を給付して、売り上げが落ちた飲食店に対して補助金制度を設けたのですが、多くの人が給付金制度の継続や補助金の増額を求めました。その中には、いわゆる保守層も少なからずいました。

最近では、若年層の勤労意欲が低下しており、生活保護を受給して生きる「引きこもり」が増加しているという話もあります。3人きょうだいの場合、その内の1人は引きこもりという例は珍しくないそうです。

数年前に実家に住み続ける中年男性を揶揄する「子供部屋おじさん」という言葉が生まれましたが、現在の日本では、引きこもりの中年を高齢になった親が支える「80－50問題」が発生しています。親が他界した後、引きこもりの中年は収入を得る必要があるのですが、就職が非常に困難であるため、生活保護を受給する形になる例が多く、結果的に国家の財政に大きな負担を与えます。

引きこもりが増加した要因は、デジタルゲームの普及が最大の要因ではないかと言われています。私自身は物事に没頭しやすい性格なので意図的にゲームを避けていますが、あるゲームユーザーから話を聞いたところ、矢継ぎ早に物語が展開されるＲＰＧゲームは非常に中毒性が高いものであるそうです。また、現在は携帯ゲーム機やスマートフォンをハードにしたモバイルゲームなど、場所を問わずゲームをプレイできる環境が揃っており、オンライン対戦で人と直接会わずとも交流が可能です。

もちろん、ゲームのプレイを禁止するわけにはいきませんが、各ゲームメーカーは、ユーザーが長時間プレイした場合は自動的に回線をストップするなど、引きこもりを生み出さないための対策を講じるべきではないでしょうか。

そのような現実がある一方、日本にとって大きな希望があるのも事実です。先日、私は若年層を対象とした講演で登壇したのですが、将来の起業を夢見る高校生が何人か参加していました。彼、彼女らは、「このようなことをやりたい」「こんなアイディアを持っているんです」などと、積極的に展望を語っていました。私は日本の若年層たちに大きな期待を抱いたのですが、引きこもりの人々が多いという現実に鑑みて、日本人が二分化していると、改めて実感しました。

メディア報道と乖離した杉田水脈の人気

前項で紹介したように、日本には将来に大きな希望を持つ若年層がいます。これからの日本人は利他の心を持って世界に羽ばたいてほしいというのが、私の願いです。

若年層に利他の心を植え付けるためには、正しい意味でのエリート教育が欠かせません。現在の日本では、大半が均一的な内容の教育を受ける制度が採用されて、特定の分野で優れた能力を持つ人材を育成するという意味でのエリート教育は否定されています。全員が同じでなくてはならない、特別な人間を生み出す必要はないというのは、共産主義的な思想です。私自身も西宮市職員時代にスーパー公務員塾を立ち上げたところ、日本共産党系の労働組合から、徹底的に叩かれた経験があります。「エリート公務員を輩出してはいけない」というのが、彼らの思想です。

共産主義の基本理念を一言で要約すると、「皆で仲良く貧しくなりましょう」というものです。しかし、実際の共産主義国家は一部の指導層の元に莫大な権力と資産が集まる形になるため、民衆の怒りを受けて国家が崩壊するという歴史が繰り返されてきました。たしかに１９９１年にソ連は崩壊して、１９７８年から中国は資本主義経済を導入しましたが、現在も本質は変わらず、ロシアと中国は共産主義をベースとした独裁的な全体主義国家です。

共産主義国家が独裁化する理由は、国民の財産や権力が削がれて無力化するからです。

そして、現在の日本では共産主義的な政党が一定の支持を得ているという事実があります。衆議院選の最中だった令和６（２０２４）年10月25日、中国の薛剣《せつけん》駐大阪総領事が、自身のＳＮＳのアカウントに、れいわ新選組の山本太郎代表の演説の動画をアップして、れいわ新選組への投票を呼びかける書き込みを行いました。れいわ新選組は、消費税の廃止や季節ごとの給付金受給などが、多くの支持を集めていますが、共産主義的な政策を多く公約に掲げています。

日本では、長年にわたって日本共産党が強固な基盤を築いていましたが、令和６年の衆議院選挙では、れいわ新選組の総得票数が日本共産党を上回りました。この選挙では与党の公明党も総得票数を減らしており、同年に開催された名古屋市長選挙では、地元の大企業の労組からの支援を受けた候補が落選するなど、従来の共産主義的組織の影響力が低下しつつある一方、新たな共産主義的勢力が台頭している印象です。

共産主義的勢力が力を増している現状、抑止力となる保守系政党や政治家の存在が必須となりますが、現在は保守層の影響力が低下しており、保守系政治家が多くの支持を受けて当選するというのは困難になっています。

私自身は共産主義的勢力の抑止力になり得ると自負しており、今後は政党ではなく政治家個人で選ぶ時代になると思うのですが、現行の自民党政権は世論やメディアの報道に迎合する傾向があるため、党の中での立場は脆弱です。

事実は、私がメディアに叩かれるたびに支持層が増えるという皮肉な現象が起きています。令和5（2022）年12月27日に私が総務大臣政務官を辞職すると、年末年始の短い時期に私の後援会員が800人ほど増えました。正しくは私の支持者たちは自民党ではなく「杉田水脈」という一人の政治家を応援しています。そのような状況を見て「炎上商法」と揶揄する声もありますが、意図してやったことはありません。

自民党本部が私の評価に対して消極的なのは、メディアに私が叩かれる結果、自民党の評判が下がり、それによって他の政治家が落選するかもしれないという懸念があるからだと思います。しかし、繰り返し述べているように、現在の有権者は政党ではなく政治家個人を見て投票先を決める方向に進んでいるのです。

日本では歴史戦が繰り広げられている

慶応義塾大学の廣瀬陽子教授によると、現在のロシアは世界各地で「ハイブリッド戦」と呼ばれる、情報操作や経済的威圧などの非武力と武力を組み合わせて行われる軍事的作戦を展開しているそうです。

廣瀬教授の見解では、ロシアは以前からウクライナ、フィンランド、日本の3ヶ国を侵略の対象にしており、実際の侵略先にウクライナが選ばれたのは、ロシア系住民の保護という大義名分があったからだそうです。旧ソ連の一員だったウクライナには1100万人前後のロシア系住民が暮らしており、彼らがウクライナ系住民から迫害や差別を受けているため、解放を目的に攻撃を開始したというのが、ロシアのウラジミール・プーチン大統領の表向きの見解です。

ロシアがウクライナ侵攻を開始する3年余り前の平成30（2018）年12月、モスクワで開かれた会議の場で、プーチン大統領はアイヌ民族をロシアの先住民族と見なす発言を行いました。私は、平成28（2016）年に国連の女子差別撤廃委員会の会議に参加したのですが、会議の場において、日本の反差別団体の人々が、日本ではアイヌ民族が強烈な迫害を受けている、アイヌの女性は識字率が低いなど、事実とは全く異なる証言を行っていたので、大変驚いたのを覚えています。

現実には存在しない差別を国際舞台で強調して主張する反差別団体の行為は、ロシア系民族の解放を訴えるロシアに、日本に攻め込む口実を与えたのと同様です。沖縄（琉球）についても反差別団体が国連で琉球民族独立論を唱えたことがあります。琉球民族独立論は沖縄を中国に引き渡す口実になると考えられます。そして、琉球民族独立を促す論文や記者会見は我々の税金である科研費を使用して行われています。

上記のような日本に対する侵略を促進するような活動を、世界に向けて発信する舞台となっているのが国連です。韓国の従軍慰安婦問題なども含めて、日本では故意に歪められた情報による「歴史戦」という名の攻撃を受けています。これはいわゆるハイブリッド戦の一環です。

今後、世界各地で激化するハイブリッド戦

今後の戦争はハイブリッド戦が主流になると予測されていますが、各国に先駆けて実現したのがロシアです。

平成26（２０１４）年3月、ロシア軍がウクライナのクリミア半島に侵入して一滴の血も流さずに併合に成功しました。その理由は、ロシアが大々的なサイバー攻撃を行った結果、ウクライナ全土のコンピュータ網が停止。ウクライナ国内は混乱に陥り、軍隊が機能を停止している最中に偽装したロシア軍がクリミア半島に侵入したからです。

クリミア半島を支配したロシアは、地元のラジオ局からプロパガンダ的な報道を流し、デモ隊（後にロシア軍と判明）に占拠された役所で住民投票が行われた結果、クリミア半

島の住民の90％以上が、クリミア半島をロシアの一部とする政策に対して賛成票を投じました。現在もクリミア半島はロシアに併合された状態です。

ロシアのハイブリッド戦の成功に強い衝撃を受けたのはアメリカでした。クリミア併合以降、アメリカはウクライナに軍事的援助を行っており、ウクライナの電気通信網を旧ソ連製のものから西側の資本主義国製に変更させました。また、ウクライナ軍の幹部を全てアメリカに招聘《しょうへい》して訓練するといった行為を、およそ7年間にわたって続けていました。ウクライナのウォロディミル・ゼレンスキー大統領がＳＮＳを頻繁に活用して世界に発信できることや、ウクライナ軍が西側諸国から貸与される兵器を使いこなせるのは、そのような背景があるからです。

ロシアが全く予感させずにクリミア半島支配に成功したというのも、世界に大きな衝撃を与えました。アメリカはこれ以降独自の情報収集能力も強化しており、アメリカのみがロシアの侵攻を数日前に察知していたと言われています。

以前、雑誌『正論』（産経新聞社）に『２０２Ｘ年日本黙示録 ＯＫＩ（隠岐）を奪還せよ』（杉山隆男）（単行本時に『ＯＫＩ――囚われの国』（扶桑社）に改題）というロシアのクリミア半島侵攻をモデルにしたと思わしきシミュレーション小説が連載されていました。

『ＯＫＩ（隠岐）を奪還せよ』のあらすじをまとめると、ある日、島根県の隠岐の島に謎の武装集団が上陸します。彼らは特に何も行動しないのですが、その内に若い日本人女性の観光グループが2ショット写真を求めるようになり、「隠岐の島に行くと韓流スターみたいな格好いい軍人さんがいっぱいいるよ」という情報がインターネット上に拡散した結果、武装集団は市民権を得ます。やがて、武装集団は手荒な真似はしたくないから隠岐の島を明け渡してくれと主張するようになり、結果的に地元の役所や警察署が乗っ取られる形になります。事態を受けて日本政府は対策を実行しようとするのですが、インターネットを中心に「戦争反対」「自衛隊派遣反対」という世論が湧き上がった結果、表立って自衛隊を出動させるのが叶わず、別班（自衛隊内部に存在すると噂される特殊部隊）などを派遣して、隠岐の島防衛作戦を遂行するというものです。

私は、現在の日本では『ＯＫＩ（隠岐）を奪還せよ』の物語のような事態が十分に起こり得ると考えています。仮に他国からの侵略を受けた場合、世論が戦争反対一色になってしまったら、その時点で敗戦は確定です。

ハイブリッド戦は21世紀の新しい戦い方と言われていますが、ヨーロッパや中国では数千年前から偽の情報を流して敵陣営を混乱させるといった情報戦が展開されてきたという事実があります。特に現代社会においては、実際に武力戦が始まったなら、戦争はすでに後半に差し掛かっていると考えて良いでしょう。

軍事大国化・反日化が加速する中国、親中的な自民党政権

あらゆる意味で力を持ちすぎるという印象の現在の中国ですが、絶頂期に比べると外国からの投資が９割ほど減ったと言われています。中国の経済状況は悪化の一途を辿っており、人民元はドルに交換して何とか価値を保っているような状態です。経済力を失った現

在の中国は核兵器など軍事的恫喝で外交を行っています。

経済の低迷で中国の国力が大きく低下すると予測する声もある一方で、中国大使を務めた経験を持つ垂秀夫《たるみひで》氏らに伺ったところ、現在の中国は経済力を以前ほど重要視していないそうです。

現行の習近平国家主席以前の中国の政権は、国内の経済力を上昇させて中国を世界から注目される国にしようと画策していました。しかし、習近平政権には軍事力によって中国を世界の大国にするという思惑があるため、経済破綻によって中国が崩壊するという日本の専門家の予測は的外れなのです。垂氏は、その事実を見誤ってはいけないと仰っていました。

中国は自国の軍事力増強のために日本の技術を狙っています。現在の日本では、半導体事業を再び活性化させるために熊本県や北海道に大手企業8社が出資して設立された半導体メーカーの工場が設置されて、最先端の半導体研究が行われているのですが、現在の中国は日本国内に産業スパイを送り込んで半導体メーカーの技術を盗もうとしています。日本の技術が中国に流出すれば必然的に中国の国力が強化される形になるため、技術の盗用を防ぐための手法を考案する必要があります。

中国が台湾に侵略する際に最も恐れているのは、アメリカによる軍事介入です。台湾防衛を目的としたアメリカ軍の部隊が日本の米軍基地から出発できないような状況にすれば、アメリカは台湾への援助が不可能となります。そのような状態にするためには、中国が日本を脅して、アメリカ軍に米軍基地を使わせないよう通達させる必要があります。

今後、中国が日本に対して米軍基地の使用禁止を求める恫喝行為を展開する可能性があり、恫喝の方法は邦人（在中日本人）の拘束ではないかと、私は予測しています。令和5（2023）年度末に私が外務省の役人から聞いた話によると、当時中国国内で不当に拘束されている日本人は74人に達しており、現在はさらに増えている可能性があります。

私自身は、日本政府は中国に対する注意レベルを上げるべきだと思います。令和6（2024）年9月18日に中国・深圳市の日本人学校に通う児童が中国人男性に刺殺される事件が発生しましたが、あのような悲惨な事件が発生した背景には、中国ではインターネット上に反日的な内容の書き込みや動画が投稿されているというのがあります。

TikTokなどSNSにアップされた中国人作成のショート動画を閲覧すると「日本人はこんな悪い奴ら」「日本人は、こんなひどいことをする」「日本人はこんな残虐性を持った民族だ。だから1人ぐらい殺したってなんてことないんだ」といった内容のものが溢れかえっており、若年層を中心とする多くの中国人は、パソコンやスマートフォンを使って動画を閲覧しています。動画の内容には誇張や捏造が多分に含まれていますが、洗脳された人物であれば上記のような事件を引き起こす可能性があるのです。

そのような事実がある以上、日本側は徹底的に抗議するべきで、中国政府がデマ情報に制限をかけない限り渡航危険レベルを引き上げるといった対策を実行するべきです。しかし、実際には石破茂首相は訪中に対して前向きな姿勢を示して、岩屋毅外務大臣が中国人の富裕層を対象に10年間有効な観光ビザを新設すると公言するなど、現行の自民党政権は親中的な姿勢です。「本来やるべき政策とは真逆の政策を行っている」というのが、私の正直な気持ちなのですが、読者の皆様も私と同じような思いを抱いているのではないでしょうか。

中国は核兵器保有大国と化している

令和6（2024）年9月25日、中国人民解放軍はICBM（大陸間弾道ミサイル）の発射実験を行いました。このICBMには核弾頭を搭載する能力が備わっており、中国側には核戦力を誇示する狙いがあったのは明らかです。

中国がミサイル実験を行う以前、中国政府は日本政府に対して、日本が日米同盟に基づいてアメリカ軍が保有する核兵器が対中威嚇用として使用可能と判断した場合、中国は日本を核保有国と同列と見なすという警告を発しました。

現在の日本は核兵器を保有していませんが、「アメリカの核の傘」と呼ばれるアメリカの核兵器に守られている状態です。すなわち、現在の中国側の見解はアメリカの核の傘の下にいる日本は核保有状態と同様というものです。この事実を私たちは知っておく必要があります。

中国軍がＩＣＢＭを発射したニュースは日本でも大きく報じられましたが、その前に発射実験が行われたのは44年前の昭和55（１９８０）年5月だったのです。ただし、当時のＩＣＢＭは液体燃料を動力源にしていたのに対して、令和6年に発射されたＩＣＢＭは固体燃料が動力源になった結果、射程距離が約２６００キロメートル延長される形になりました。この事実は、中国軍がアメリカ全土を射程圏内に収めるのに成功したのを意味します。当時は、中国本土から発射されたＩＣＢＭがワシントンやニューヨークに着弾するのは不可能でしたが、現在はアメリカの全主要都市を攻撃可能です。

中国のＩＣＢＭ実験を北朝鮮のミサイル実験と同一視する意見もありますが、実情は異なります。北朝鮮のミサイルは「ロフテッド軌道」と呼ばれ、高角度で打ち上げられた後に垂直に近い角度で落下する飛行経路で発射されているため、実際の飛距離は、とても短いのです。北朝鮮側の目的はミサイルの弾頭が破損せず着地可能かを確認するためだと推測されます。北朝鮮がミサイルを発射したら迎撃するべきだという意見もありますが、大半は朝鮮半島の近海に着水しているので、日本には全く影響を及ぼしません。むしろ、迎撃すれば重要な国際問題につながる可能性があるので、日本側は無視を決め込んでいれば良いでしょう。

それに対して、中国のＩＣＢＭは「ミニマムエナジー軌道」と呼ばれる、低い角度で発射することで射程距離が最も長くなる方式が採用されました。これは、中国側が遠方の国家や地域を攻撃対象にしている証拠でしょう。

一説によると、中国はＩＣＢＭ実験を行う前にアメリカに対して事前通告を行ったそうです。アメリカ側が通告を行った中国に対して敬意を払って歓迎のコメントを送ったという話もありますが、中国のミサイル発射技術は相当なレベルに達しており、ＩＣＢＭに搭載可能な核弾頭の保有数はアメリカと同程度という説すらあります。

軍事大国として覇を競ってきたアメリカとロシアの間では「ＳＴＡＲＴ」という戦略核兵器の削減に関する条約が締結されており、互いが保有する核兵器の総数を調整することで軍事的バランスが保たれてきたわけです。その点、以前の中国が保有していた核兵器の総数は2ヶ国に比べると少なかったため、保有数を制限する条約を結んでいません。アメリカとロシアが核兵器を削減する中、中国は着々と開発を進めて、近い将来はアメリカとイーブンの状態になるとみられています。中国側が行ったICBM実験は、アメリカに自国を核保有大国として認めさせるための威嚇行為であったと考えられます。

中国の策略による尖閣諸島防衛の危険性

現在の中国は、中国近海に「第一列島線」、小笠原諸島からグアム・サイパンに至るまでの海洋上に「第二列島線」という防衛ラインを引いており、数年前からアメリカ軍が第一列島線や第二列島線を越えないようにするための防衛策を展開しています。そして、中国の防衛策の影響により、日本の尖閣諸島周辺の海域でも異変が発生しています。

数年前から中国海警局所属の船舶の集団が尖閣諸島周辺に出没しています。船舶の集団は4隻ほどで構成されており、数週間～1ヶ月ほどのペースで定期的に集団が入れ替わるのですが、以前は４隻の内の２隻に76ミリ口径の機関砲が搭載されていましたが、現在は全ての船舶に同型の機関砲が搭載されています。

中国側の行為に対して、日本側は海上保安庁所属の巡視船を派遣して対峙しているのですが、海上保安庁の巡視船に搭載されている機関砲は40ミリ口径で射程距離は５キロメートル程度。それに対して中国海警局の船舶の機関砲の射程距離は10キロメートル以上と、性能は比較になりません。そのような事情があるにもかかわらず、海上保安庁側が危機感を抱いていないのは、自分たちが対処不可能な状態になった場合、海上自衛隊が出動するという意識があるためですが、私は非常に危険な状態だと思います。

中国海警局の船舶は軍艦と同等の戦闘能力を有しているのですが、中国側は警備船と主張しています。船舶が白く塗られているのは軍艦ではないと主張するためなのですが、仮に中国海警局の船舶が尖閣諸島近辺に侵入して、日本側が防衛のために海上自衛隊の艦艇を出動させた場合、中国側は日本が警備船に対して先制攻撃を仕掛けたと流布する可能性があります。中国が情報戦を実行した場合、日本が世界中から非難されるのは確実なので、事前に対応策を考えておく必要があるでしょう。

日本人が常に意識するべき台湾有事

今まで、世界各国では軍隊が自国内の国境近くの村に暮らす人々を皆殺しにして、それを他国の仕業に見せかけて国民の士気を高めるといった戦略が繰り返し行われてきました。一般的な日本人の感性からすれば、自国民を犠牲にするというのは絶対にあり得ない行為ですが、他国の人々からすれば軍事的戦略という視点からは当然の行為なのです。

日本人は世界に類を見ない利他の心を持つ民族です。それは誇るべきであり、無理に世界の潮流に合わせる必要はないのですが、世界の人々の感性が日本人とは異なるという事実は意識しておいた方が良いでしょう。

現在のウクライナ・ロシア戦乱を例に取ると、日本では大半の人はロシアが一方的な侵略を行っていると考えていますが、世界の人々の多くは、真相は異なると考えています。

これは日本人が素直でメディアの報道を信じやすい傾向があるというのが要因でしょう。

台湾有事に関しては、日本人の多くは文字通り「対岸の火事」と考えている節がありますが、中国が最も恐れているのはアメリカが総力を挙げて軍事力を展開することです。仮に中国が、アメリカが本腰を入れる前に台湾に侵攻したいと考えた場合、日本が巻き添えを喰うというのは十分に考えられます。

また、現在の日本は物流の9割以上を船舶でまかなっているのですが、仮に中国海軍によってバシー海峡が閉鎖された場合、物流の大動脈を失う形になります。日本は海外から石炭、天然ガスなどのエネルギー、牛肉、穀物などの食料を輸入していますから、バシー海峡が閉鎖された場合、日本に向かう船舶は長大な距離を航行することになるため、コストが激増するのです。現在はエネルギーや食料の価格が高騰していますが、台湾有事が発生すれば現在とは比較にならないほどの物価高状態となるでしょう。仮に物流が完全にストップしてしまえば、食料自給率38％（農林水産省調査）、エネルギー自給率12・6％（経済産業省調査）の日本社会が崩壊するのは確実です。これは、日本と同じく食料自給率やエネルギー自給率が乏しい台湾にも当てはまります。

仮に中国海軍が軍事的威嚇を行わなくても、台湾海峡を船舶の保険適用地域から外すだけで海上封鎖は可能となるというのは、本書の読者のみならず、全ての日本国民に意識していただきたいと考えています。

さらに言うと、台湾有事発生時には中国軍が台湾本土に上陸して攻撃を展開すると予測されていますが、台湾を自国領にしようとする中国は、なるべく無傷の状態で手に入れたいと考えているはずです。中国はアメリカの軍事力を恐れているため、極力アメリカの介入を避けようとしています。現在、日本では在日米軍基地撤廃論が盛んに唱えられていますが、これは台湾有事の際に在日米軍が出動するのを防ぐための中国による情報戦の影響ではないでしょうか。

台湾もアメリカも攻撃しづらい中国にとって、最も標的にしやすいのが、両国と関係が深くかつ政治的に無力な日本です。前述したように現在の中国国内では、少なくとも74人の邦人が拘束されています。中国側の真の意図は不明ですが、すでに台湾有事は始まっていると、私は考えています。

仮に台湾有事が開始された場合、台湾が日本に対して軍事的支援を要請するかもしれません。その際、自衛隊の派遣を拒否する世論が湧き上がるのは確実ですが、日本が台湾の要請を拒否すれば国際社会から猛批判を受ける形になり日米安全保障条約が破棄される可能性すらあります。それに重ねて必然的に敵対関係となる中国からの輸出が途絶える結果、慢性的な物品不足となり、国土には中国軍の遠距離ミサイルが撃ち込まれるという四面楚歌の状態になるかもしれません。

台湾有事が発生した場合、最も大きな被害を被る可能性がある国は日本です。生前の安倍元首相が残した「台湾有事は日本有事」という言葉は、決して絵空事ではありません。

台湾有事における韓国の重要性

情報史学者の江崎道朗氏によると、現在のアメリカはウクライナに関する防衛法をベースにして、台湾防衛用の法案を見直して大幅に改竄《かいざん》しているそうです。アメリカのトランプ大統領は、就任前に台湾と距離を取ると公言していましたが、実際には今後のアメリカは台湾を徹底的に守護する方針のようです。一部の情報筋からは、アメリカは2027年までに台湾有事が発生するという予測を立てて防衛策を考案していると伺いました。

台湾有事発生時においては韓国軍の参加も期待されます。保守層の一部からは韓国との国交断絶を訴える声がありますが、日米韓3国の防衛ラインの重要性はアメリカが最も把握していると思います。現在の中国軍の総兵力が200万人以上であるのに対して、自衛隊が約23万人、中華民国国軍（台湾軍）が16万9000人、在日米軍が5万5000人と、兵力の差は明らかです。そのため、総数約50万人の韓国軍は台湾有事においては重要な戦力となるのです。

そのような事実がある一方、現在の韓国の政治は急速に左傾・親北化しています。韓国の尹錫悦《ユンソンヨル》大統領に対して弾劾決議が行われた要因は、尹大統領が親日・親米的な人物で、ロシア・中国・北朝鮮を敵国と見なしていたためでした。尹大統領後の韓国の政権は徹底的な反日・反米方針であるのは確実で、日米韓の防衛ラインの枠組みが崩れる形になります。私が江崎氏に日米韓の関係が悪化した時期に中国が台湾に侵攻するかもしれないと語ったところ否定されましたが、確率はゼロではないと考えています。

たしかに日本と韓国の間には複数の問題があり、政権交代の影響で両国の関係が悪化すると予想されますが、中国に対抗するためには日米韓の防衛ラインを構築し続けなければなりません。今後は韓国側が日本に対して様々な抗議を行うと予想されますが、日本側は韓国に譲歩せず毅然とした態度で臨み、その上で有事の際は協力可能な関係を保つべきだと、私は思います。

想定されていない朝鮮半島有事のシミュレーション

ＮＡＴＯ加盟国が計32ヶ国で敵対勢力に立ち向かえる一方、日本の場合、中国をはじめとする近隣諸国が着々と軍事力を増強する中、アメリカのみが同盟国という状態です。現在、世界で一番厳しい防衛環境に置かれている国家は日本ではないでしょうか。

現在の日本に挑発的行為を仕掛けるロシア、中国、北朝鮮の３ヶ国は、水面下で結託していると私は推測しています。現在のウクライナ・ロシア戦乱においては、北朝鮮が複数の兵士を派兵してロシア側への援助を行っていますから、ロシアと北朝鮮は互いに軍事に関する情報交換を行うなど親密な関係であるのは明らかです。ロシアと中国の関係は表層的には不明ですが、両国の指導者の仲が良好という事実から見て、親密と考えて間違いないでしょう。

日本は、ロシアによる領空侵犯、中国による尖閣諸島近辺への侵入、北朝鮮によるミサイル発射や拉致被害と各々の問題を抱えており、今までは各国に対して個別の防衛方針を持っていましたが、今後は全てを一体として捉えた防衛方針を考える必要があると私は思います。

日本で衆議院選挙が行われた令和６（２０２４）年10月15日、北朝鮮は韓国とつながる道路の一部を爆破しました。北朝鮮が道路爆破に至った理由は、ロシアに盛んに煽られたという説があり、それが正しければ、台湾有事が発生するよりも早く朝鮮半島有事が発生する可能性があるというのも考慮しなくてはなりません。さらに言えば、ロシアと中国の関係が本当に親密であるとしたら、両国が水面下で活動すれば、台湾有事と朝鮮半島有事を同時期に発生させることすら可能です。

台湾有事に関しては日本政府と各自治体が様々な対策を講じています。特に台湾に近い沖縄・先島諸島の住民の避難に対しては、九州地方の各県と私が現在住んでいる山口県などの自治体が一緒になって、石垣島の住民は○○県に、西表島の住民は××県に避難する、各自治体の空き家や公営住宅には何人受け入れるのが可能など、各自治体の調査による綿密なシミュレーションに基づいた避難計画が立案されています。

朝鮮半島有事についても、台湾有事と同じく日本国内で議論した上でシミュレーションを行う必要があると思うのですが、私が衆議院議員だった時期は、そのような議論が行われる機会はありませんでした。もしかしたら、私が議員を辞任してから詳しい話し合いが行われたのかもしれませんが、残念ながら、その可能性は低いと思います。

ロシア軍がウクライナに侵攻した際、多くのウクライナ人は一旦隣国のポーランドに逃げこみ、そこから世界各地に散らばるように脱出しました。いわば、ポーランドはターミナル（拠点）のような役割を果たしたのですが、仮に朝鮮半島有事が発生した場合、侵略された韓国の人々は、おそらく隣国の日本をターミナルにするでしょう。戦火に巻き込まれて避難してきた韓国人の中には武装難民や北朝鮮のスパイが混ざっているかもしれませんが、避難民は身分証を所持していない可能性が高く判別は非常に困難です。

仮に外国からの難民に対する議論を行えば、「差別主義的」「困っている難民をスパイかと疑うのは良くない」といった意見が殺到するのは確実です。国会でも多数の議員が反対意見を述べるため、結果的に議論が進まないのです。それが日本の現状なのですが、果たして、そのような意識を持つ人が多い中、隣国で有事が発生したとすれば、日本の防衛は叶うのでしょうか。

現在の国会の論戦を見ると、国際情勢に対する議論はほとんど行われない一方、自民党議員の政治資金の不記載問題ばかりが取り沙汰されている印象です。不記載問題は、すでに結論が出ているのですが、いまだに同じ話が蒸し返されるのが現状です。私は国内の問題追及に終始する日本の国会の様子を見るたびに腹立たしい気持ちになります。

日本がアメリカの核兵器を管理する制度を制定するべき

国防について語る際、日本は核兵器を保有するべきかと質問される機会が多々あるのですが、私は「するべき」だと思います。イギリスと同じく四方を海に囲まれた日本は、近海に核兵器を搭載した原子力潜水艦を数隻配備して近隣諸国への核抑止力を高めるというのが、最も効果的な国防の手段ではないでしょうか。

NATOは核兵器を保有しない加盟国で有事が発生した場合、防衛のために核保有国が持つ核兵器を現地に配備する「核シェアリング」というシステムを採用しています。核シェアリングの制度下では、核兵器を保有しない国は核兵器に対する権限は全く存在せず、運搬に関しては核保有国が担当します。そのため、秘密裏に核兵器が持ち込まれているといった事態も起こり得るわけで、米軍基地を展開するアメリカが日本国内に核兵器を配備している可能性はあるでしょう。前述の通り、中国は日本がアメリカの核の傘の下にあるのであれば、核保有国と同列に見なすとの考えを発しています。

その場合、核兵器の使用権をアメリカが一手に握る形になりますので、米軍基地内に核兵器の持ち込みを許可する法律を設けるなど、日本側が核兵器を管理可能な制度を制定するべきだと思います。

政治家に求められる日本を守るための決断力

数年前から日本ではＧＤＰ（国内総生産）の１・６％程度の防衛費を２％前後に増額するという議論が盛んに行われています。防衛費の増額に伴う増税の可能性などから、反対する声は多いのですが、現在のＮＡＴＯは、国際情勢の悪化を受けて加盟国に対して２０３０年までに軍事費をＧＤＰの３％に引き上げるよう要求しています。

今後、アメリカのトランプ大統領が日本に防衛費の増額を要求するのは既定路線でしょう。私自身は、政府が国家予算の割り当てを変更するなどの対応を行えば、増税を行わずに防衛費の増額は可能と考えています。おそらく、読者の皆様は今後の日本にとって防衛力の増強は必須事項だと理解しているでしょうが、仮に日本政府が防衛費を増額すると発表した場合、各方面から反対の声が沸き上がるというのは容易に予想されます。

安易に世論に迎合しない強い決断力を持った政治家でなければ、今後の日本は守れないというのが、私の持論です。

安倍元首相が安保法制（集団的自衛権）や特定秘密法の施行など、国防に関する法案を制定するたびに、メディアは一斉に反対意見を述べて、国会議事堂の周囲には毎日のようにデモ隊が出現して反対運動を展開しました。世論に応じて当時の自民党は支持率を下げましたが、安倍元首相は、そのような世論に負けずに法案を制定したのです。現在の日本に安保法制が存在しなかったらと考えると、私は背筋が寒くなります。

仮に多くの国民が反対しても、日本を守るための政策を実行できる政治家が求められているのですが、現在の自民党政権の対応を見ていると、非常に不安になります。政策に限らず、衆議院選挙時に政治資金の不記載問題を起こした議員を非公認とするなど、現在の自民党政権は世論に迎合した対応を行っています。そして皆様がご存知の通り、昨年（令和6年）の衆議院選挙において、与党は自公含めて650万近く票を減らす結果となりました（前回衆議院選挙比）。

非公認扱いとなった自民党所属の政治家がいた他、不記載があった議員は比例代表の名簿に氏名を掲載されませんでした。私を含めて不記載問題を起こした政治家の大半は安倍派に所属していました。昨年の衆議院選挙の場合、普段は自民党を支持している有権者の多くが、応援している政治家が名簿に登録されていないという理由から、比例代表の欄に自民党と記載しなかったことが、票が減少した要因だと私は考えています。ただし、自民党の総括は、国民はいまだに政治と金の問題を許していないというものでした。

実際、世論調査の結果を見ると、現在もなお大半の日本国民が不記載問題に対して納得しておらず、約81％が現行の政権では問題は解決しないと考えているようです（読売新聞オンライン調査)。このような現状を受けて、今後も野党のみならず自民党自身も政治と金の問題に取り組み続けるということが予想されますが、現在の日本は、政治と金よりもはるかに大きな問題を多く抱えています。私は、自民党政権が世論に迎合しているうちに恐ろしい事態が発生するのではないかと危惧しています。

第5章

今後の日本の政治と日本という国を復活させるための決意

急速に低下する世界における日本のプレゼンス

「正論」懇話会は、産経新聞や『正論』（産経新聞社）読者が中心となって発足した非営利団体であり、定期的に「懇話会」や「友の会」という名の講演会を開催しています。講演の内容は翌朝発売の産経新聞に掲載されるのですが、令和6（2024）年12月2日に、私は大阪「正論」懇話会で講演を行う機会があり、翌日、産経新聞関西版には私の講演会で発した内容が一面にカラー写真と共に掲載されました。私の両親は関西在住なので、久々に親孝行をしたと思いました。

「正論」懇話会主催の講演会の中でも、安倍元首相の地元であった山口県下関市の長州「正論」懇話会は、現地の人々の強い思い入れを元に開催されており、私も、ほぼ毎回参加しています。ここ数年、長州「正論」懇話会の1年の最後の講演は櫻井よしこ氏が講師をされていますが、令和6年12月16日の懇話会の場では、櫻井氏は原稿を読まずに（毎回そうなのですが）約90分間にわたって大切な話を語ってくださいました。

当日の櫻井氏の講演のタイトルは「底が抜けた自民党の立て直し」というもので、私は心の中で（すごいタイトル……）と思っていたのですが、内容は、まさに櫻井よしこ節全開というものでした。内容を要約すると、自民党議員たちは、安倍元首相が、この人だけは首相にしてはならないと言っていた人物を首相に就任させてしまった。岸田文雄前首相や菅義偉元首相が現首相を選んだのは、単に高市早苗氏が嫌いなだけ。本来、政治家とは国益を第一に選択しなければならないのに、今の自民党議員たちは自分たちの都合で新しい首相を選んだ、自民党の底が抜けるのは当たり前だというものでした。

暴論にも思える櫻井氏の言葉ですが、実際、政治家が人を選ぶ最大のポイントとは「その人物が好きか嫌いか」なのです。先日の自民党総裁選において、高市氏が1回戦は1位だったにもかかわらず決選投票で敗退した理由について、裏に大きな謀略があったのかと質問される機会には、私は「現首相の方が高市氏より好かれていたから」と答えています。そう言うと多くの人は驚くのですが、政治家も人間である以上、最終的には好き嫌いで人を選びます。

おそらく、世界の政治も日本と似たような状態だと思います。人間が感情を持つ生物である限り、個人の好き嫌いであらゆる物事が動いていると考えられます。情けないと思う方もいるでしょうが、そのような現実を前提にした上で、私たち政治家は国益を第一に考えながら行動する必要があると思っています。

真相は不明ですが、今回の総裁選においては、首相経験がある岸田氏や菅氏が反高市派で、現首相に投票するように仕向ける圧力があった可能性はあります。そのような状態の中、どのように自民党を立て直していけば良いのかという話を櫻井氏は淡々と語っていましたが、それ以上に時間を割いていたのは中国に関する話でした。

第四章に記した中国軍が発射したＩＣＢＭの詳細は、櫻井氏主宰の勉強会で学んだ内容であり、講演会でも同様の話を櫻井氏は語っていました。櫻井氏によると、現在の中国はアメリカを強く警戒している一方、日本や韓国や台湾には全く警戒心を持っていないようです。ロシアも同様、日本は敵対国ではなくアメリカの力を削ぐために利用可能な道具ぐらいにしか認識していないというのです。

現在の日本が強い勢力と見なされていないというのは、情けなくて悔しい話なのですが、世界における日本のプレゼンス（存在感）が日々低下しているというのは紛れもない事実です。その理由は経済力の低迷などだけでなく、最大の理由は日本には強力な軍事力が存在しないからです。

そのような背景があるとはいえ、安倍政権時の日本はアメリカにアドバイスするなど非常に大きな存在でした。安倍元首相亡き後、日本のプレゼンスは急速に低下し、現在は中国やロシアに無視される程度になってしまった印象です。

前章にも書いたように、安倍元首相が生前に残した「台湾有事は日本有事」という言葉は、台湾有事が発生すれば日本が巻き込まれるという意味に受け取った方が多いと思いますが、現状に鑑みると「台湾有事で一人負けするのは日本」という意味になってしまうかもしれません。

優秀な政治家に必要な武士道

政治資金の不記載問題を受けて、自民党の派閥は、ほとんどが解体されました。従来は、選挙に出馬する自民党所属の政治家に支援を行う団体や組織を派閥があてがっていたのですが、派閥が解体した結果、多くの政治家が後ろ盾を失い、現在は選挙に出馬する際は支援してくれる団体や組織に自身をPRしなくてはならないという状態になっています。党に対する支援を調整する能力すら失っているのが、現在の自民党です。また、派閥は若手の教育機関という役割も担っていましたが、それも失われてしまいました。

自民党内部には「中央政治大学院」という政治教育機関が設置されています。ここが、現在は派閥に代わって若手を教育する役割を担っています。令和6（2024）年からは大学院内で「背骨勉強会」という若手・中堅議員の育成を目的とした勉強会が定期的に開催されており、私も毎回参加しています。令和6年3月に開催された第1回の講師は当時の斎藤健経済産業大臣で、講演のタイトルは「戦前史」でした。斎藤氏は自身の研究により、明治38（1905）年の日露戦争終結から昭和14（1939）年のノモンハン事件発生までの34年間で日本人の体質が一変したことを把握したと語っていました。私はその話を聞いて大きな衝撃を受けました。

斎藤氏によると、日本人の体質が変わったのには四つの要因があるそうです。一つ目は指導者の変質、二つ目は日本の組織の改革が乏しかったこと、三つ目は「戦史」、戦争の歴史についての研究がなかったこと、四つ目は「武士道」が失われてしまったことです。

江戸時代以前の「武士」と明治時代以降の「軍人」には明確な違いが存在します。武士はゼネラリスト（総合職）、軍事のみならず財政や農政、教育、外国勢力との渡り合いなど、あらゆる職務を担当していたのに対して、軍人は軍事のみを担当するスペシャリスト（専門職）なのです。

幕末期に名を馳せた武士たちは、農業などあらゆる分野の知識に秀でて、新聞記者並みの情報収集能力を持つというスーパーマンでした。彼らは日露戦争が開始される時期まで日本の政治や軍事の要職を担っていたため、日露戦争はゼネラリストの武士がトップに立ち、参謀を明治維新以降海外のシステムで育成されたスペシャリストの軍人が担当するという、最も理想的な指揮系統が採用されていました。

そして、戦争終結後は、トップが武士から日本政府が西洋の軍隊方式を取り入れ育成した軍人に代わる形になりました。日露戦争終結から36年後に開始された大東亜戦争の時期には、武士たちは、ほぼ死に絶えてしまい、スペシャリストの軍人が指揮を担っていました。それが敗戦の要因となった可能性は十分に考えられるでしょう。

その後も、背骨勉強会では前中国大使の垂秀夫氏による中国との付き合い方や国際政治学者の細谷雄一氏によるヨーロッパ諸国の思想史など、興味深い話を数多く伺いました。

政治家になってから勉強しても意味がないという意見がありますが、現代には武士のように全てを把握しているゼネラリストは存在しません。私は、政治家は日々勉強する必要があると考えており、今後は、武士道を学んだ政治家たちが派閥に代わる勢力を築くと予想しています。

日本を変えるためには保守層が一致団結するべき

私の見解からすると、日本における保守層は少数派です。現在は残念ながら、「保守」という小さなコップの中で互いが一枚岩にならずに争っている状態です。コップが大きくならなければ日本は変わらないと思います。

安倍元首相以降の自民党政権は「保守の考え方」には寄り添っていませんが、「国民の考え方」には寄り添っているのが特徴です。「保守の考え方」＝「国民の考え方」と思っている保守派が多いのですが、実際にそうであれば、我々保守系政治家は苦労しません。

現在の自民党政権の政策に不満を感じる保守層は少なくありませんが、特定の政治思想を持たない多数派の日本国民は政策を基本的に支持する傾向です。例を挙げると、ＬＧＢＴ理解増進法の可決に関しては保守層の大半が反対したのに対して、国民全体の約65％が歓迎しました。その理由は一般的な日本人は困っている人を助けるべきだという思考を持っているため、少数派の救済を目的とする法律に対しては概ね賛同する傾向があるからです。

夫婦別姓問題も同様、姓の変更を理由に結婚できない人がいるという理由から、選択制ならば別姓制度を採用しても良いと考える人が多数派で、反対派は前時代的な考えの持ち主と見なされています。政治家側も多数派からの支持を得るために夫婦別姓制度に賛成する例が多いのですが、その背後には日本の戸籍制度の消滅や御皇室の解体といった思惑が存在します。夫婦別姓制度のみならず、様々なリベラル政策の危険性を多くの人が理解すれば、その法案は採用されることはありませんが、事実を完璧に把握している日本国民は、ごく少数です。保守層の活動により、その割合がもっと上昇すれば、日本の政治体制は大きく変わるでしょう。

北朝鮮による拉致問題に関しても、有権者側が拉致問題を命がけで取り組む人物にしか投票しないと訴えれば、政治家たちは必死になって向き合うでしょうが、実際に日本国民の間では拉致問題に対する関心が薄れており、積極的に発言しているのは、ごく一部です。政治を変えるためには、国民の意識改革が必要というのが私の持論であり、国民の意識を変えるために積極的に講演を行っています。講演が終わる際、私は参加者たちに次回は家族や知人を連れてきてくれと訴えますが、その理由は、私の講演を聴く人が増加すれば、真実を知る人が増え、意識改革が起きる可能性が高まるからです。

左派勢力とは対立する機会が多い私ですが、保守層とは絶対に対立しないよう心がけています。当然ながら、一口に保守と言っても考えは様々で、私は保守層の人々からも批判される例が多々あるのですが、反論を行わずに保守の裾野を広げてゆこうというのが、私のポリシーです。

一人の保守層が必死に活動しても個人の能力には限界があります。日本を変える力を持つ保守層を増やすために私自身は必死に努力しています。支持者の方々から力を貸していただきたいというのが、私の率直な想いです。

保守層は自民党に大きな影響を与えていない

令和7（2025）年度の参議院選挙では自民党の苦戦が予想されており、与党が過半数を獲得できなかった場合、石破茂政権が退陣するという予想がありますが、果たしてそうなるのでしょうか。

令和7年1月時点での石破首相の支持率は41・4％（JNN調査）と、さほど低い数値ではありませんでした。石破政権が一定の人気を獲得している要因は、少数派の保守層ではなく多数派の国民の考えに寄り添っている点、新聞やテレビといったメディアが以前から石破首相を推薦していた点が挙げられます。

令和7（2024）年2月7日（アメリカ時間）に行われたトランプ大統領と石破首相の初会談の内容は、保守派の言論人は一斉に批判しましたが、オールドメディアが「成功だ」と褒め称えたため、内閣支持率が5％ほどアップして44％前後になったことなど、まだまだメディアの影響は強いのです。主にテレビ報道の影響によって私には極悪政治家という印象を植え付けられました。自民党支持層の中でも、いわゆる「モリカケ問題」の報道の影響で安倍元首相が違法行為を繰り返していたと信じ込む人も多く、安倍元首相に対して批判的な発言を行っていた石破首相が正論を述べているように認識させる効果を生み出しました。

「自民党の支持者は保守的な政治思想の持ち主」という認識を持つ人がいますが、これは誤りです。現在の自民党の岩盤支持層は農業、建設業、土木業、サービス業に携わる地方在住者であり、当然ながら一人一人の政治思想は様々です。岩盤支持層は自民党に対して保守的な政治ではなく効果的な経済政策を期待しているのであり、現在は自民党の支持層が減少している理由は、日本の経済が低迷しているからです。自民党全体の観点で言えば、支持層の中では少数派の保守層が離れるというのは大した意味はないのです。

前述したように、日本では保守層自体が少数派となっています。長尾たかし元衆議院議員の言葉を借りれば保守派は「絶滅危惧種」と言えるそうです。保守層の一部は親中国派の国会議員を全員落選させると豪語していますが、親中派の議員は政治思想を持たない多数派の投票によって選出されているため、保守層が投票を行わなかったとしても全く影響を受けません。

そのような事情がある一方、私のような自民党保守派の政治家にとっては、保守層が自民党の支持を取りやめるというのは大きな痛手になります。実際、参政党や日本保守党など保守色が強い政党が誕生した際、私経由の、保守系の自民党員が500人ほど減少しました。しかし、親中派やリベラル派と言われる自民党の議員たちは以前と変わらない支持率を得ているため、現在の自民党は親中・リベラル派が主流となっています。

保守系政党の躍進の背後に存在する真実

令和6（2024）年の衆議院選挙において参政党や日本保守党といった保守系政党が議席を獲得しました。

私自身は、保守の裾野が広がるという意味で今回の選挙の結果は好ましく思っています。以前の私は「次世代の党」（日本のこころ）という保守系政党の所属でした。平成26（2014）年の衆議院選挙時は48名が出馬して当選したのは2名という有様で、非常に悔しい思いをしました。当時に比べると、インターネットの影響などによって日本でもある程度は保守思想が根付きつつあり、その結果が両党の躍進の要因になったと思います。特に参政党は令和4（2022）年の参議院選挙において、コロナウイルスワクチンに対する疑念を押し出した選挙活動を展開し、保守層以外からの投票を獲得するのに成功しました。このような事実があるとはいえ、情況はまだまだです。

衆議院選挙において実際に獲得した議席は参政党と日本保守党が共に3議席である一方、左派、リベラル的な政策を唱えるれいわ新選組は9議席を獲得しました。衆議院選時のれいわ新選組は大々的な選挙活動を行わず、山本太郎代表が「減税、減税」とラップで歌っている程度にもかかわらず、保守系政党の3倍の議席を獲得したのです。今回の衆議院選挙の結果は、保守層が増加したというよりは、自民党に失望した保守層の票が他党に流れたというのが正しい認識です。

以前に比べれば増加しているとはいえ、保守的な思想を持つ人々は、自分たちが少数派であるというのを自覚するべきです。隠れ保守層が多いという意見もありますが、それが幻想であるというのは自民党保守派の政治家が総じて苦戦している現状が証明しています。

自民党内部では現状の総裁（首相）では次の衆議院選挙で勝てないと判断された際に「降ろし」が始まります。岸田前首相は支持率の低下を受けて総裁選に出馬しないという決断を迫られたわけですが、参議院選挙の場合、議員の半数が残るというルールがあるため、衆議院選挙ほどの危機感はありません。そのような理由があるため、現在の自民党政権は、たとえ参議院選挙で敗退したとしても一定の支持率を保った状態で長期化するとの予測が大半ですが、状況は変化しつつあります。

芽生えている高市早苗政権誕生の可能性

次期首相に高市早苗氏を推す声は少なくありません。けれど、以前の私はその可能性は絶望的だと見ていました。その理由は、現在の自民党において高市派の政治家は少数派だからです。

令和6（2024）年9月に高市氏が総裁選に出馬した際は、20人の推薦人を集めるのにさえ非常に苦労しました。そのような理由があるため、第1回投票において高市氏が72票を集めて1位となったのを見て私は腰を抜かしそうになりました。しかし、同年の衆議院選挙では高市氏の推薦人が7人落選したなど、現在は、高市派はさらに縮小しています。

現状の石破茂政権の政策を受けて、高市政権の誕生を期待する声もありますが、石破政権は早期に退陣しないというのが大半の予測です。現時点でも野党が内閣不信任案を提出すれば可決される可能性はありますが、野党が行動を起こさないのは、石破政権の政策は野党が掲げる政策に近いため、選挙時は自分たちが有利になるからです。仮に高市氏が首相に就任した場合、新しい政策を次々と実行する可能性があり、それが国民の支持を得れば野党の支持率は大きく低下するでしょう。そのような理由があるため、野党は意図的に石破政権を存続させようとしています。

高市政権の誕生を絶望視していた私ですが、令和6年末に、翌年3月から「動き」があるかもしれないという話を各方面から伺いました。実際に動きを仕掛ける人物が誰であるかは不明ですが、現在の自民党内では現行の政権のままでは令和7（2025）年度の参議院選挙を勝ち抜くのは不可能という声が出始めています。仮に参議院選挙で敗北すれば自民党が再び浮上することが困難になるため、なんとしても、勝利を掴むために自民党内で大きな運動が発生するかもしれません。

私は、自民党の地位が現在よりも失墜して解党寸前にまで追い込まれた時期に、高市早苗政権が誕生するのではないかと考えています。

私が自民党に所属する意味

保守層からの自民党の支持率低下を受けて、私自身が批判される機会が増えました。先日、私は保守系のネットニュース番組に出演したのですが、コメント欄には「二枚舌」

「嘘つき」、「なぜ自民党を出ないんだ」「自民党にいる限り信用できない」といった、私を批判する書き込みが殺到したほどです。

前述したように、現在の日本で国政を担える保守系は、政治の世界では自民党保守派のみであり、私はYouTubeチャンネルなどで自民党に在籍し続けると公言しています。令和6（2024）年の衆議院選挙において、従来の自民党支持層の多くが国民民主党に投票しましたが、国民民主党の政治思想は同性婚制度と夫婦別姓制度を公約に掲げるリベラル系であり、現在の自民党主流派と同一です。

日本に大きな悪影響を及ぼす可能性がある同性婚制度と夫婦別姓制度の可決を阻止するためには、保守層の増加が必須となります。残念ながら、大多数の人々は皇統が男系である意味を理解しておらず、女系天皇賛成派が主流なのですが、保守層が狭いコップの中で議論を繰り返しても事実は広まりません。私が講演会の参加者に対して家族や知人の参加を求めているのは、少しでも保守層の裾野を広げるためです。

たしかに、現在の日本の政権はリベラル寄りであり、諸外国からの攻撃が相次いでいると明確な希望を見出せない状態です。しかし、そのような現状があるからこそ、今後の日本は政治家と国民が互いに信頼し合う状態となって苦難に立ち向かう必要があると思います。

安倍晋三元首相は、国民を信頼する政治家でした。コロナ禍の際、他国が戒厳令やロックダウンなど強制的な感染防止策を実行する中、安倍元首相は国民の判断に一任したのです。日本ではコロナ禍によって非常事態宣言は発令されたものの、人々の行動に対する罰則規定は設けられなかったため、各国は嘲笑したのですが、日本におけるコロナ感染者や死亡者の総数は世界でもトップクラスに低い割合でした。

私自身は安倍元首相の遺志を受け継ぐのを目標としているため、安倍元首相と同じく正しい国家観と歴史観を持つ人間として成長して、日本の舵取りが行えるようになるまで歯を食いしばって努力するつもりです。私が批判を受けながら自民党に在籍しているのは、忍耐力を鍛えるという意味合いもあると考えています。

2割からの支持を得て国政への復帰を狙う

私は、今年（令和7年）に行われる参議院選挙に挑戦すると表明していますが、支持者からは自民党の公認が得られるかを懸念する声を聞きます。

正直に言うと、現時点（令和7年2月時）では「わからない」としか答えられません。自民党所属の政治家の公認は党の判断に委ねられているのですが、現時点では私が公認不可能な理由はないと自覚しています。令和6（2024）年の衆議院選挙への不出馬を決めたのは翌年の参議院選挙に挑戦したいという意味合いもあり、森山裕自民党幹事長も私の意志を承諾してくださいました。

政党に所属する政治家は公認を得られなければ政治活動を行えません。ポスターを刷ることもできないのです。

仮に公認を得られないとすれば、無所属で参議院選挙に出馬するのも可能ですが、政党に所属していなければ全国比例には出馬できないという問題があります。

ならば、次回の衆議院選挙に出馬すれば良いという意見も聞きますが、私が衆議院議員に再選されるのは無理だと自覚しています。その理由は、杉田水脈という人間自体が衆議院選挙のシステムに合わないと感じているからです。

衆議院選挙の小選挙区で勝利を得るためには全体の投票数の51%以上を獲得する必要があり、私の場合、メディアからの魔女狩りのようなバッシングを受けた結果、悪い人物という印象を植え付けられたため、どの選挙区でも投票数の51%以上を獲得するのは困難です。私の講演会に参加して、実際に話を聞いて印象が変わったと言われる方もいらっしゃいますが、私の体感では日本国民の8割ほどが「杉田水脈が国会議員のバッジを外して清々した」「あんな奴の顔も見たくない」などと思っているようです。

小選挙区制に対して参議院選挙の全国比例の場合、15万票前後を獲得すれば当選が叶います。仮に私を知る人の総数が1万人で、そのうち8割が私のアンチだとしたら支持者は2000人という計算になり、10万人が知ったら支持者は2万人、100万人が知ったら20万人となります。だから、私の知名度が高くなり、その2割の支持者を獲得できれば当選可能となるのです。

メディアが植え付けたイメージを覆すのは非常に困難です。可能な限り知名度を上げて全体から見れば少数派であっても一定以上の支持層を獲得するというのが、現在の私が行える選挙の戦い方です。そのような意味で、私を執拗にバッシングするメディアには、知名度アップに貢献してくれているという面で非常に感謝しています。

余談になりますが、私は20代、30代の有権者に対して知名度を上げるのを目的に「杉田水脈'sオタクチャンネル『君の青春は輝いているか⁉』」というアニメや特撮作品を語るYouTubeチャンネルを立ち上げたのですが、主に昭和期の作品を扱っているため、実際には幅広い層に対するＰＲになっているようです。

杉田水脈の逆襲

令和６（２０２４）年９月27日に開催された自民党総裁選挙において、候補者の高市早苗氏は決選投票で敗退しました。自身が首相に就任した後は、補正予算を通して、年が明けたら通常国会を開催して、多くの政策を提言しながら予算委員会を行い、10月ごろに衆議院を解散して、経済政策を争点とした衆議院選を行うというのが、高市氏が思い描いていた道筋でした。高市氏を支持していた私たちの陣営は高市氏の想いを受け止めながら総裁選を戦いました。衆議院選挙後、高市氏は落選した政治家や私のような不出馬の政治家を集めて、励ます会を開催してくださいました。その時の私は本当に嬉しかったのですが、高市氏は選挙の結果を非常に悔やんでおり、「私が首相だったら、政治と金の問題を論点にして解散総選挙を行うようなことはしなかった。経済政策を論点として解散総選挙を行った」と語っていました。

改めて振り返ると、令和6年は、自民党にとっても、日本にとっても、私自身にとっても本当に大変な年でした。高市氏が総裁選で敗退して、私自身が衆議院議員の職を失うといった私事もありますが、やはり最大の問題は、不記載問題を要因に自民党保守派の多くが議席を失ったことです。

現在もなお、私は公の場に立つたびに「泥棒」「裏金議員」などと罵られるシーンがあり、私のSNSの投稿には私を誹謗中傷する内容のコメントが毎日10件以上寄せられています。私は自身の発言を要因に各方面から糾弾されるという事態を何度も経験しましたが、自分の発言には自分自身で責任を取るべきだと考えています。しかし、不記載問題に関してはミスリードの報道によるもので事実に基づかないバッシングであるため、非常に苦々しく感じています。今までメディアは私一人を標的にしていましたが、不記載事件は100人前後存在する自民党安倍派全員が標的にされたのです。

衆議院選挙時に自民党山口県支部連合会が私を推薦したのを受けて、地元の方々が私を支持してくださっているという事実が明らかになり、非常に嬉しく思いました。しかし、自分だけが比例名簿に掲載されるというのは許されないと考えた結果、私は衆議院選の出馬を断念したのです。

このような事情があるため、令和6年は私にとって非常に苦しい年でしたが、年末に「正論」懇話会に参加した際、櫻井よしこ氏の言葉から私は勇気と力をもらいました。櫻井氏は、本来の日本は国民が幸せであるために政治家や官僚が一生懸命働く国だったと語っていました。仁徳天皇の「民のかまど」の話に象徴されるように、日本では昔から国民は「大御宝《おおみたから》」という国の大切な宝と見なされていたのです。

それに対して、他の国では王族や貴族以外の国民は単なる兵力や労働力と考えられていました。昔のヨーロッパでは、人間とは本来不幸な存在であり、いかにして不幸の度合いを小さくするかという考えしかありませんでした。１７７６年に採択されたアメリカ独立宣言には人間が幸福であって良いという内容が記されているのですが、裏を返せば西洋社会では18世紀後半になるまで人間が幸福になることが認められていなかったのです。

櫻井氏は、日本には太古から国民の幸せを願うリーダーが常に存在して、人々が幸せに暮らし続けていたと語っていました。それは日本では当たり前のことだったのかもしれませんが、実際に言葉で聞いて強い衝撃を受けたのです。過去の日本のリーダーたちが国民の幸せのために努力した理由は、国民を信頼していたからです。そのような視点で考えると、正しい意味での日本の歴史や国家観を持った人間が政治家になるべきだと櫻井先生は語っていました。

国民を信じるリーダーと、その気持ちに応える国民が存在して日本という国は成り立ってきました。櫻井氏の言葉を聞いて、私はもう一度国民を信じて、国民の幸せを願う政治家になろうと改めて思いました。現在の日本の状況が非常に厳しいのは事実であり、私の話を聞く人々は暗い気持ちになってしまうという自覚があったのですが、今後は、櫻井氏を見習って、可能な限り人々に希望を持たせる内容を語りたいと考えています。

その翌日、私は桜井よし子先生と共に、安倍晋三元首相のお墓にお参りした際に、「日本は危機的な状況にあり、自民党もどうしようもない状況にありますが、日本を守るために諦めずにがんばります」と誓いました。

私は令和7（2025）年に開催される参議院選挙で当選して、再び国政を担いたいと思っています。どういう形にしろ出馬の機会があれば必死に闘い、再び国会議員に就任できた際は、日本国と日本国民の皆様の幸せのために働く政治家として邁進していく所存です。これは政治家としてではなく、私個人の率直な想いです。

あとがき

山口県の自宅で、「スーパー戦隊主題歌挿入歌大全集」を聞きながらこのあとがきを書いています。国会議員のバッヂを外してからも、講演会やインターネット番組（なぜか未だ地上波の番組出演依頼はありません）の出演など忙しく全国を飛び回っており、本日、自宅でこうしてパソコンに向かえるのは2週間ぶりです。

そんな中、青林堂の蟹江社長、渡辺専務をはじめ、多くの方々のご協力の下、この本を書き上げることができました。

炎上のことだけではなく、この7年の間に私が抱えた裁判についてもふり返ることができました。

理不尽で悔しくて堪らないという思いをいくつもいくつも乗り越えて、今の私があるのだと改めて感じることができる、良い機会でした。これまで支えてくださったすべての方々に感謝いたします。

この御恩は仕事の中でしっかり返していきます。これからも「当たり前のことを当たり前にできる日本」を取り戻すため、全員全霊で取り組んでまいります。

最後まで読んでくださった皆様に引き続きのご支援をお願いして、筆をおきたいと思います。これからも杉田水脈をよろしくお願いいたします。

杉田　水脈（すぎた　みお）

前衆議院議員。元総務大臣政務官。衆議院議員 (3 期)。自由民主党所属。
昭和 42 年 神戸市生まれ。親和中学・親和女子高等学校を経て、鳥取大学農学部を卒業。住宅メーカー勤務を経て、兵庫県西宮市役所（総合企画局、健康福祉課）に勤める。平成 22 年に退職し、平成 24 年衆議院議員初当選。令和 3 年衆議院議員選挙にて自由民主党中国比例ブロックより三期目の当選。国際 NGO の一員として活躍した経験を活かし、衆議院議員として子育てや歴史外交問題に積極的に取り組む。
自由民主党山口県衆議院比例区第二支部支部長
元自由民主党政務調査会環境部会長代理
元衆議院安全保障委員会理事
著書に『慰安婦像を世界中に建てる日本人たち』（産経新聞出版)、『なでしこ復活』（青林堂)、共著に『歴史戦はオンナの戦い』（PHP 研究所)、『民主主義の敵』（青林堂）他多数

杉田水脈の逆襲

令和７年４月12日　初版発行

著　者　杉田水脈
協　力　亀谷哲弘
発行人　蟹江幹彦
発行所　株式会社　青林堂
〒150-0002　東京都渋谷区渋谷3-7-6
電話　03-5468-7769
装　幀　TSTJ.inc
印刷所　中央精版印刷株式会社

Printed in Japan

ISBN　978-4-7926-0781-4

プロフェッショナル霊能者

エスパー・小林

プロが勝つのは、勝つなりのスキルと裏づけがあるからで、私は必ず結果を出す。

定価1760円

怒髪天を衝く！

前田日明

前田日明が宮沢孝幸、山上信吾、安藤裕、茂木誠、鈴木宣弘、坂東忠信らと、がっぷり四つで大激論

定価1980円

幸せに生きるための食と心持ち

矢作直樹

この世界の仕組みを知りながら、どう幸せに生きていくのかを皆様に伝授。

定価1870円

私の中の陰陽師
惟神《かんながら》の細道

雑賀信朋

13歳の時に死の淵より陰陽の道理を悟りよみがえった著者の目に映る世界とは。

定価1760円

日本建国史

小名木善行

思わず涙がこぼれる日本の歴史！
ねずさんが、日本神話、古代史ファン待望の日本の建国史を語る

定価1980円

真・古事記の宇宙

竹内睦泰

急逝した第七十三世武内宿禰の竹内睦泰が残した門外不出の口伝を復刊。
著者夫人による「第七十三世武内宿禰と竹内睦泰の狭間に生きて」を特別収録。

定価1760円

真・古事記の邪馬台国

竹内睦泰

いよいよ邪馬台国の所在地、卑弥呼の正体を明かす！
遺言となる創作ノートを特別収録。

定価1760円

日本を元気にする古事記の「こころ」改訂版

小野善一郎

古事記は心のパワースポット。
祓えの観点から古事記を語りました。

定価2200円